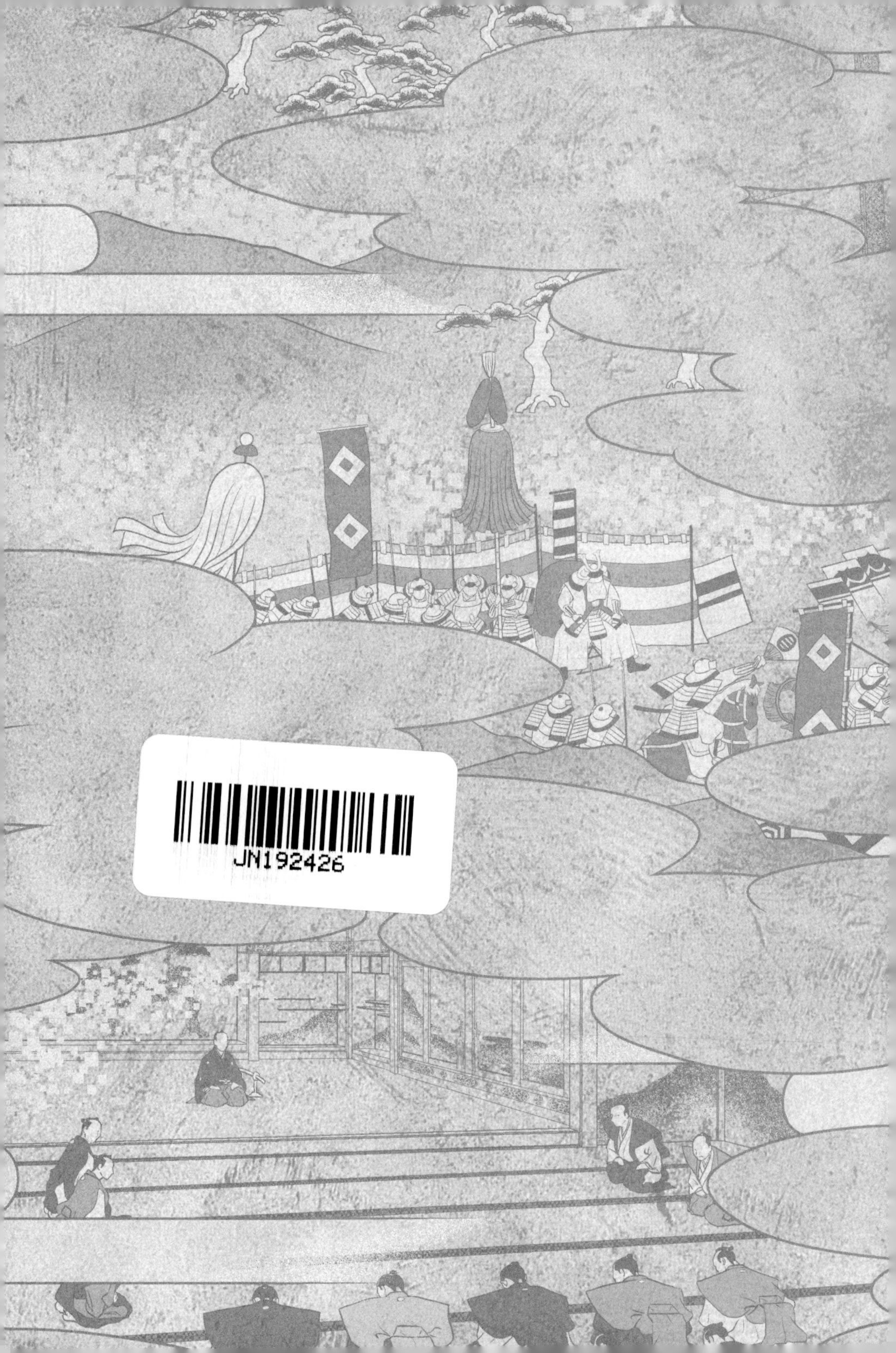

コミック版 日本の歴史65

幕末・維新人物伝

木戸孝允

Legendary Heroes of The End of shogunate and The Meiji Restoration

Takayoshi Kido

企画・構成・監修：加来耕三
原作：水谷俊樹
作画：中島健志

《おもな登場人物《とうじょうじんぶつ》》

吉田松陰《よしだしょういん》

長州藩士《ちょうしゅうはんし》。尊王攘夷《そんのうじょうい》を唱《とな》え、木戸《きど》らに大《おお》きな影響《えいきょう》を与《あた》える。アメリカ船《せん》での密航《みっこう》を企《くわだ》てるが失敗《しっぱい》し、投獄《とうごく》される。その後《ご》、松下村塾《しょうかそんじゅく》で多《おお》くの門人《もんじん》を指導《しどう》。安政《あんせい》の大獄《たいごく》で死罪《しざい》となる。

木戸孝允《きどたかよし》（桂小五郎《かつらこごろう》）

長州藩士《ちょうしゅうはんし》。吉田松陰《よしだしょういん》と交流《こうりゅう》し、その思想《しそう》に影響《えいきょう》を受《う》け、日本《にほん》を一《ひと》つにしようと考《かんが》える。藩《はん》の中心人物《ちゅうしんじんぶつ》となり、やがて坂本龍馬《さかもとりょうま》の仲介《ちゅうかい》で、西郷隆盛《さいごうたかもり》率《ひき》いる薩摩藩《さつまはん》と薩長同盟《さっちょうどうめい》を結《むす》び、協力《きょうりょく》して討幕《とうばく》を成《な》し遂《と》げる。明治新政府《めいじしんせいふ》でも廃藩置県《はいはんちけん》などに活躍《かつやく》。

久坂玄瑞《くさかげんずい》

長州藩士《ちょうしゅうはんし》。高杉《たかすぎ》らと共《とも》に松下村塾《しょうかそんじゅく》で学《まな》び、藩《はん》の尊王攘夷派《そんのうじょういは》を率《ひき》いた。禁門《きんもん》の変《へん》で自刃《じじん》する。

幾松《いくまつ》（木戸松子《きどまつこ》）

木戸《きど》の恋人《こいびと》で、後《のち》の妻《つま》。京都《きょうと》の売《う》れっ子芸妓《こげいぎ》で、八月《がつ》十八日《にち》の政変《せいへん》や禁門《きんもん》の変以降《へんいこう》、幕府《ばくふ》から追《お》われていた木戸《きど》を助《たす》け、支《ささ》え続《つづ》ける。

伊藤俊輔《いとうしゅんすけ》（博文《ひろぶみ》）

長州藩士《ちょうしゅうはんし》。松下村塾門下生《しょうかそんじゅくもんかせい》。木戸《きど》の部下《ぶか》として尊王攘夷《そんのうじょうい》・討幕運動《とうばくうんどう》に従《したが》う。新政府《しんせいふ》でも活躍《かつやく》。

毛利敬親《もうりたかちか》

長州藩《ちょうしゅうはん》13代藩主《だいはんしゅ》。藩政《はんせい》を改革《かいかく》し、木戸《きど》たちが提案《ていあん》する尊王攘夷《そんのうじょうい》を藩論《はんろん》として採用《さいよう》する。明治維新《めいじいしん》後《ご》、版籍奉還《はんせきほうかん》を率先《そっせん》して上奏《じょうそう》する。

大村益次郎《おおむらますじろう》

長州藩士《ちょうしゅうはんし》。第二次長州征討《だいじちょうしゅうせいとう》の際《さい》に参謀《さんぼう》として活躍《かつやく》。長州軍《ちょうしゅうぐん》の武器《ぶき》を西洋化《せいようか》し、組織《そしき》を改編《かいへん》した。

横井小楠《よこいしょうなん》

福井藩政治顧問《ふくいはんせいじこもん》。熊本《くまもと》藩士《はんし》。東洋《とうよう》の心《こころ》をもって西洋《せいよう》の技術《ぎじゅつ》を学《まな》ぶことを木戸《きど》に教《おし》える。

坂本龍馬《さかもとりょうま》

土佐藩脱藩郷士《とさはんだっぱんごうし》。薩摩《さつま》藩《はん》を通《つう》じ、長州藩《ちょうしゅうはん》が武《ぶ》器《き》を購入《こうにゅう》できるよう手《て》配《はい》し、薩長同盟《さっちょうどうめい》を仲介《ちゅうかい》。

西郷隆盛《さいごうたかもり》（吉之助《きちのすけ》）

薩摩藩士《さつまはんし》。薩摩藩《さつまはん》の中《ちゅう》心人物《しんじんぶつ》として、木戸《きど》率《ひき》いる長州藩《ちょうしゅうはん》と同盟《どうめい》し、江戸幕府《えどばくふ》を倒《たお》す。維新《いしん》後《ご》、政争《せいそう》に敗《やぶ》れて新政《しんせい》府《ふ》を去《さ》る。その後《ご》、不平《ふへい》士族《しぞく》に担《かつ》がれて、新政《しんせい》府《ふ》に反乱《はんらん》を起《お》こす。

一橋《ひとつばし》（徳川《とくがわ》）慶喜《よしのぶ》

将軍後見職《しょうぐんこうけんしょく》の後《のち》、禁裏《きんり》御守衛総督《ごしゅえいそうとく》。尊王攘夷《そんのうじょうい》を唱《とな》え朝廷《ちょうてい》に近《ちか》づく長《ちょう》州藩《しゅうはん》を追《お》い出《だ》す。徳川《とくがわ》幕府《ばくふ》15代将軍《だいしょうぐん》となる。

高杉晋作《たかすぎしんさく》

長州藩士《ちょうしゅうはんし》。松下村塾門下《しょうかそんじゅくもんか》生《せい》。藩《はん》の尊王攘夷《そんのうじょうい》・討幕《とうばく》運動《うんどう》の中心人物《ちゅうしんじんぶつ》の一人《ひとり》となる。身分《みぶん》に関係《かんけい》なく参加《さんか》できる軍隊《ぐんたい》「奇兵《きへい》隊《たい》」を組織《そしき》した。幕府《ばくふ》の第《だい》二次《じ》長州征討軍《ちょうしゅうせいとうぐん》と戦《たたか》い、勝利《しょうり》する。

周布政之助《すふまさのすけ》

長州藩士《ちょうしゅうはんし》。長州藩《ちょうしゅうはん》の尊王《そんのう》攘夷運動《じょういうんどう》を推《お》し進《すす》めた。禁門《きんもん》の変《へん》の敗戦《はいせん》などの責任《せきにん》を取《と》り、自決《じけつ》。

斎藤弥九郎《さいとうやくろう》

神道無念流《しんとうむねんりゅう》の剣客《けんかく》で、道《どう》場《じょう》・練兵館《れんぺいかん》の主《あるじ》。門弟《もんてい》の木戸《きど》を厳《きび》しく指導《しどう》し、成《せい》長《ちょう》を見守《みまも》る。

江川太郎左衛門《えがわたろうざえもん》（英龍《ひでたつ》）

幕府《ばくふ》の伊豆韮山代官《いずにらやまだいかん》。兵《へい》学者《がくしゃ》。佐久間象山《さくましょうざん》、木戸《きど》らに近代的《きんだいてき》な西洋兵術《せいようへいじゅつ》を教《おし》える。

コミック版《ばん》 日本《にほん》の歴史《れきし》65

幕末《ばくまつ》・維新人物伝《いしんじんぶつでん》

木戸孝允《きどたかよし》

もくじ

※この作品《さくひん》は、歴史文献《れきしぶんけん》をもとにまんがとして再構成《さいこうせい》したものです。
※ 本編《ほんぺん》では、人物《じんぶつ》の年齢表記《ねんれいひょうき》はすべて数《かぞ》え年《どし》とします。
※ 本編《ほんぺん》では、人物《じんぶつ》の幼名《ようみょう》など、名前《なまえ》を一部省略《いちぶしょうりゃく》しております。

長州藩《ちょうしゅうはん》…現在《げんざい》の山口県萩市《やまぐちけんはぎし》に藩庁《はんちょう》（役所《やくしょ》）を置《お》いた藩《はん》。
萩城《はぎじょう》…現在《げんざい》の山口県萩市《やまぐちけんはぎし》にあった城《しろ》。
江戸屋横町《えどやよこちょう》…現在《げんざい》の山口県萩市呉服町《やまぐちけんはぎしごふくまち》。

第《だい》一章《しょう》　萩《はぎ》の秀才《しゅうさい》
天保八《てんぽう》（1837）年《ねん》
長州藩《ちょうしゅうはん》・萩城下《はぎじょうか》　江戸屋横町《えどやよこちょう》
父上《ちちうえ》！
私《わたし》が生《う》まれた時《とき》のことを教《おし》えてください
和田小五郎《わだこごろう》　5歳《さい》
（のちの木戸孝允《きどたかよし》）
お前《まえ》が生《う》まれた天保四年《てんぽうねん》は大《おお》きな飢饉《ききん》があってな
各地《かくち》で一揆《いっき》や暴動《ぼうどう》が起《お》こったもんじゃ……
ほんによう無事《ぶじ》に生《う》まれてきてくれた
長州藩《ちょうしゅうはん》・藩医《はんい》
和田昌景《わだしょうけい》
（小五郎《こごろう》の父《ちち》）

飢饉《ききん》…農作物《のうさくぶつ》の収穫《しゅうかく》が少《すく》なく、食糧不足《しょくりょうぶそく》で飢《う》えること。
一揆《いっき》…農民《のうみん》などが、幕府《ばくふ》や領主《りょうしゅ》などの圧政《あっせい》に対《たい》して集団《しゅうだん》で反抗《はんこう》した運動《うんどう》。

与力《よりき》…奉行《ぶぎょう》を補佐《ほさ》し、配下《はいか》の同心《どうしん》を指揮《しき》して行政《ぎょうせい》・裁判《さいばん》・警察《けいさつ》の任《にん》にあたった役人《やくにん》。

今《いま》と あまり 変《か》わらないですね
うん？
そうじゃな ついこの間《あいだ》も 大坂《おおさか》で乱《らん》があった
この年《とし》 深刻《しんこく》な米不足《こめぶそく》から 大坂町奉行所《おおさかまちぶぎょうしょ》・元与力《もとよりき》の 大塩平八郎《おおしおへいはちろう》が 民衆《みんしゅう》と共《とも》に 蜂起《ほうき》した事件《じけん》があった
救民
世《よ》にいう「大塩平八郎《おおしおへいはちろう》の乱《らん》」である
世《よ》の中《なか》の出来事《できごと》に 関心《かんしん》を寄《よ》せるのは いいことだ 小五郎《こごろう》 また何《なに》か 知《し》りたいことがあれば 教《おし》えてやろう
はい 父上《ちちうえ》

大坂《おおさか》…現在《げんざい》の大阪《おおさか》。大坂町奉行《おおさかまちぶぎょう》…江戸幕府直轄《えどばくふちょっかつ》の要地《ようち》・大坂《おおさか》で、町人《ちょうにん》に関《かん》する行政《ぎょうせい》・裁判《さいばん》・警察《けいさつ》などをつかさどった役職《やくしょく》。奉行所《ぶぎょうしょ》はその役所《やくしょ》。

やぁ和田《わだ》先生《せんせい》
わしに鑑定《かんてい》してほしい先祖伝来《せんぞでんらい》の具足《ぐそく》があるそうだが
長州藩大組士《ちょうしゅうはんおおぐみし》
佐伯丹下《さえきたんげ》
どの具足《ぐそく》ですかな？
あれに
すっ
へっ？
わしの自慢《じまん》の「愚息《ぐそく》」じゃ
エーッ
ポン
まごうかたなき先祖伝来《せんぞでんらい》のな！
ガハハハッ
また息子《むすこ》自慢《じまん》か……

具足《ぐそく》…甲冑《かっちゅう》。大組士《おおぐみし》…長州藩主《ちょうしゅうはんしゅ》毛利氏《もうりし》直属《ちょくぞく》の、馬《うま》に乗《の》ることを許《ゆる》された上級家臣《じょうきゅうかしん》。

アヘン戦争《せんそう》…1840〜1842年《ねん》、イギリスと清国《しんこく》との間《あいだ》で行《おこな》われた戦争《せんそう》。夷狄《いてき》…外国人《がいこくじん》を敵意《てきい》を持《も》って呼《よ》ぶ語《ご》。ここでは欧米人《おうべいじん》のこと。

天保《てんぽう》十一（1840）年《ねん》四月《がつ》
小五郎《こごろう》は八歳《さい》の時《とき》
近所《きんじょ》の桂家《かつらけ》へ末期養子《まつごようし》に入《はい》り
長州藩大組士《ちょうしゅうはんおおぐみし》という
武士《ぶし》の身分《みぶん》を得《え》たが——
それから十日後《とおかご》に養父《ようふ》が
翌年《よくねん》一月《がつ》には養母《ようぼ》が亡《な》くなり
小五郎《こごろう》は桂家当主《かつらけとうしゅ》のまま
生家《せいか》の和田家《わだけ》へ戻《もど》ってきた
ちょうどその頃《ころ》
清国《しんこく》とイギリスの間《あいだ》で
アヘン戦争《せんそう》が勃発《ぼっぱつ》——
イギリスが軍艦《ぐんかん》による
砲撃《ほうげき》で清国《しんこく》をねじ伏《ふ》せて
不平等条約《ふびょうどうじょうやく》を結《むす》ばせた
おい聞《き》いたか 清国《しんこく》が夷狄《いてき》に 敗《やぶ》れたそうだ
三方《さんぽう》 海《うみ》に囲《かこ》まれた 長州《ちょうしゅう》にも いずれ夷狄《いてき》は やって来《く》るぞ！
………

末期養子《まつごようし》…跡継《あとつ》ぎのない武家《ぶけ》が、危篤《きとく》になってから主家《しゅか》に願《ねが》い出《で》る養子縁組《ようしえんぐみ》。清国《しんこく》…1616〜1912年《ねん》まで続《つづ》いた中国最後《ちゅうごくさいご》の王朝《おうちょう》。

長州藩《ちょうしゅうはん》・13代藩主《だいはんしゅ》
毛利敬親《もうりたかちか》
天保《てんぽう》十四(1843)年《ねん》四月《がつ》 長州藩主《ちょうしゅうはんしゅ》・毛利敬親《もうりたかちか》は 海岸防備《かいがんぼうび》の強化《きょうか》のため 鉄砲隊《てっぽうたい》を中心《ちゅうしん》に羽賀台大操練《はがのだいだいそうれん》を行《おこな》った
夷狄襲来《いてきしゅうらい》に備《そな》え 万全《ばんぜん》を期《き》さねば なりませぬ
長州藩《ちょうしゅうはん》・家老《かろう》
村田清風《むらたせいふう》
これで 藩士《はんし》の士気《しき》も 上《あ》がりましょう
うむ そうせい
敬親《たかちか》は質素倹約《しっそけんやく》を掲《かか》げ 村田清風《むらたせいふう》を起用《きよう》して藩政改革《はんせいかいかく》を断行《だんこう》 列強《れっきょう》の侵略《しんりゃく》に備《そな》えた この軍事演習《ぐんじえんしゅう》も 村田《むらた》の提案《ていあん》によるものであった

羽賀台《はがのだい》…萩城下《はぎじょうか》東郊外《ひがしこうがい》に広《ひろ》がる台地《だいち》。

家老《かろう》…大名《だいみょう》の家臣《かしん》の最高職《さいこうしょく》。

列強《れっきょう》…力《ちから》の強《つよ》い国々《くにぐに》。

菊ヶ浜《きくがはま》…現在《げんざい》の山口県萩市《やまぐちけんはぎし》にある海岸《かいがん》。萩城《はぎじょう》から萩湾《はぎわん》に沿《そ》って続《つづ》く。

弘化《こうか》二（1845）年《ねん》
小五郎《こごろう》は藩校《はんこう》・明倫館《めいりんかん》へ入学《にゅうがく》
館倫明
パン
パン
パン
せいっ！
ピタッ
やあっ！
参《まい》りました！
よし 今日《きょう》は
これまで
小五郎《こごろう》 13歳《さい》
ハァ
ハァ
すげーっちゃ
十数人《すうにん》相手《あいて》に稽古《けいこ》して
汗《あせ》一《ひと》つかいてねぇ
小五郎《こごろう》は萩城下《はぎじょうか》では十代《だい》の頃《ころ》から
文武《ぶんぶ》の英才《えいさい》として知《し》られていた

藩校《はんこう》…藩《はん》が藩士《はんし》やその子弟《してい》の教育《きょういく》のために設《もう》けた学問所《がくもんじょ》。

嘉永《かえい》二（1849）年《ねん》になると
藩主《はんしゅ》・毛利敬親《もうりたかちか》は
明倫館《めいりんかん》を移転拡張《いてんかくちょう》する
緊迫《きんぱく》した時勢《じせい》に対応《たいおう》すべく
より優秀《ゆうしゅう》な人材《じんざい》を
育成《いくせい》するのが目的《もくてき》であった
先《さき》のアヘン戦争《せんそう》で清国《しんこく》が敗《やぶ》れたのはなぜだと思《おも》いますか？
長州藩士《ちょうしゅうはんし》
吉田寅次郎《よしだとらじろう》 20歳《はたち》
（号《ごう》して松陰《しょういん》）
へえー
あの人《ひと》が十一歳《さい》で萩《はぎ》のお殿様《とのさま》に兵学《へいがく》を講義《こうぎ》したという吉田寅次郎《よしだとらじろう》か……
小五郎《こごろう》 17歳《さい》
桂君《かつらくん》どうだい？

号《ごう》…学者《がくしゃ》や画家《がか》などが本名《ほんみょう》のほかに使《つか》う名《な》。

清国《しんこく》は大砲《たいほう》を積《つ》んだイギリスの軍艦《ぐんかん》に敗《やぶ》れたと聞《き》いています
では清国《しんこく》と同《おな》じ轍《てつ》を踏《ふ》まないよう今《いま》君《きみ》がなすべきことはなんですか？
俺《おれ》……いや わ 私《わたし》がですか？
ざわ ざわ
………
おおー さすが 桂《かつら》さんじゃあ
命令《めいれい》に従《したが》い一命《いちめい》を賭《と》して戦《たたか》うのみです
なるほどいい覚悟《かくご》ですね
しかし！

同《おな》じ轍《てつ》を踏《ふ》まない…先《さき》の人《ひと》と同《おな》じ失敗《しっぱい》をしないことのたとえ。

これからは命令《めいれい》を待《ま》つだけでなく一人一人《ひとりひとり》が考《かんが》えて行動《こうどう》するそういう時代《じだい》になりそうです
先生《せんせい》は何《なに》を考《かんが》え行動《こうどう》するのですか?
僕《ぼく》はね桂君《かつらくん》
どうすれば日本《ひのもと》が一《ひと》つにまとまるのか 日々《ひび》懸命《けんめい》に考《かんが》えています
日本《ひのもと》はご公儀《こうぎ》のもと一《ひと》つにまとまっているのではないのですか?
清国《しんこく》が なぜイギリスに敗《やぶ》れたのか……
でも それを考《かんが》える前《まえ》に君《きみ》はもう少《すこ》し自分《じぶん》のことを知《し》らねばなりませんね

公儀《こうぎ》…幕府《ばくふ》のこと。

「文《ぶん》に曰《いわ》く」…「その書《しょ》に書《か》いてあったことには」という意味《いみ》。

遊学《ゆうがく》…よその土地《とち》や国《くに》に行《い》き学問《がくもん》すること。

何《なに》が自分《じぶん》を知《し》れだ！
あなたに言《い》われなくても
俺《おれ》は俺《おれ》を知《し》っている
ぎゅっ
それでは講義《こうぎ》を続《つづ》けましょう 文《ぶん》に曰《いわ》く――
やがて寅次郎《とらじろう》は西洋兵学《せいようへいがく》を学《まな》ぶため 長崎《ながさき》に行《い》き その後《ご》 江戸《えど》に遊学《ゆうがく》―― 以後《いご》「松陰《しょういん》」を名乗《なの》る
明倫舘
一方《いっぽう》 小五郎《こごろう》は嘉永《かえい》五（1852）年《ねん》 長州藩《ちょうしゅうはん》に招《まね》かれた神道無念流《しんとうむねんりゅう》の剣客《けんかく》 斎藤新太郎《さいとうしんたろう》ほか五名《めい》の藩費留学生《はんぴりゅうがくせい》たちに 随行《ずいこう》する形《かたち》で 自費《じひ》で江戸《えど》に旅立《たびだ》った
萩《はぎ》の道《みち》（萩往還《はぎおうかん》）

神道無念流《しんとうむねんりゅう》…福井兵右衛門嘉平《ふくいへいえもんよしひら》が元文《げんぶん》五（1740）年《ねん》に江戸《えど》で道場《どうじょう》を開《ひら》き創始《そうし》した剣術《けんじゅつ》の流派《りゅうは》。

剣客《けんかく》…剣術《けんじゅつ》に優《すぐ》れた人《ひと》。剣士《けんし》。

萩往還《はぎおうかん》…日本海側《にほんかいがわ》の萩城下《はぎじょうか》と、瀬戸内海側《せとないかいがわ》の三田尻《みたじり》（現在《げんざい》の山口県防府市三田尻《やまぐちけんほうふしみたじり》）を結《むす》ぶ街道《かいどう》。

北辰一刀流《ほくしんいっとうりゅう》…千葉周作《ちばしゅうさく》が創始《そうし》し、文政《ぶんせい》五（１８２２）年《ねん》に江戸《えど》で道場《どうじょう》を開《ひら》いた剣術《けんじゅつ》の流派《りゅうは》。

新太郎《しんたろう》の父《ちち》・斎藤弥九郎《さいとうやくろう》が開《ひら》いた
練兵館《れんぺいかん》（神道無念流《しんとうむねんりゅう》）は
千葉周作《ちばしゅうさく》の玄武館《げんぶかん》（北辰一刀流《ほくしんいっとうりゅう》）と
桃井春蔵《もものいしゅんぞう》の士学館《しがくかん》（鏡新明智流《きょうしんめいちりゅう》）に並《なら》び
江戸《えど》の三大道場《さんだいどうじょう》とよばれていた
きえええっ
パパン
パパン
ウォオオ
練兵館《れんぺいかん》・館主《かんしゅ》
斎藤弥九郎《さいとうやくろう》
パパパン
グヮオッ
参《まい》りました
サッ
!?
君《きみ》の全力《ぜんりょく》はこんなものか
弥九郎《やくろう》の長男《ちょうなん》
斎藤新太郎《さいとうしんたろう》

鏡新明智流《きょうしんめいちりゅう》…桃井直由《もものいなおよし》が創始《そうし》し、安永《あんえい》二(1773)年《ねん》に江戸《えど》で道場《どうじょう》を開《ひら》いた剣術《けんじゅつ》の流派《りゅうは》。

やあっ！
パ
パンッ
パ
パパッ
パン
パン
パンッ
はーっ！
すっ
ダン
カオッ
ピタッ

そこまでっ
ハァ
ゼェ
ハァ
ハァ
新太郎先生《しんたろうせんせい》は
あれほど打《う》ち合《あ》って
息一《いきひと》つ乱《みだ》れていない……
今《いま》まで手《て》を抜《ぬ》いて
適当《てきとう》にやってきた
自分《じぶん》が恥《は》ずかしい！
俺《おれ》という
奴《やつ》は……
練兵館《れんぺいかん》が他《ほか》の道場《どうじょう》と違《ちが》ったのは
学問《がくもん》も教《おし》えていたことで——
海國圖志
幕府《ばくふ》に西洋流砲術《せいようりゅうほうじゅつ》を取《と》り入《い》れた
三十六代《だい》・江川太郎左衛門《えがわたろうざえもん》の流《なが》れをくむ
銃《じゅう》を用《もち》いた戦闘訓練《せんとうくんれん》まで行《おこな》っていた

江川《えがわ》太郎左衛門《たろうざえもん》…伊豆韮山《いずにらやま》（現在《げんざい》の静岡県《しずおかけん》伊豆《いず》の国市《くにし》韮山《にらやま》）を管轄《かんかつ》する幕府《ばくふ》の世襲代官《せしゅうだいかん》。代々《だいだい》、太郎左衛門《たろうざえもん》を名乗《なの》った。

えい!
おう!
パン
パン
パン
いやあーっ!
いい面構《つらがま》えになってきたな……桂《かつら》
小五郎《こごろう》は入門後《にゅうもんご》一年《ねん》で免許皆伝《めんきょかいでん》を許《ゆる》される
藩費留学生《はんぴりゅうがくせい》を抜《ぬ》いて練兵館《れんぺいかん》の塾頭《じゅくとう》に抜擢《ばってき》された
嘉永《かえい》六(1853)年《ねん》六月三日《がつみっか》
浦賀沖《うらがおき》――
アメリカ合衆国東《がっしゅうこくひがし》インド艦隊司令官《かんたいしれいかん》ペリー提督《ていとく》が軍艦《ぐんかん》四隻《せき》を率《ひき》いて日本《にほん》に開国《かいこく》を迫《せま》ってきた
江戸城《えどじょう》
大森《おおもり》
浦賀《うらが》

免許皆伝《めんきょかいでん》…武術《ぶじゅつ》などで、師匠《ししょう》が弟子《でし》にその道《みち》の奥義《おうぎ》をすべて伝《つた》え、それを修《おさ》めたと認《みと》めること。

浦賀《うらが》…現在《げんざい》の神奈川県横須賀市東部《かながわけんよこすかしとうぶ》。

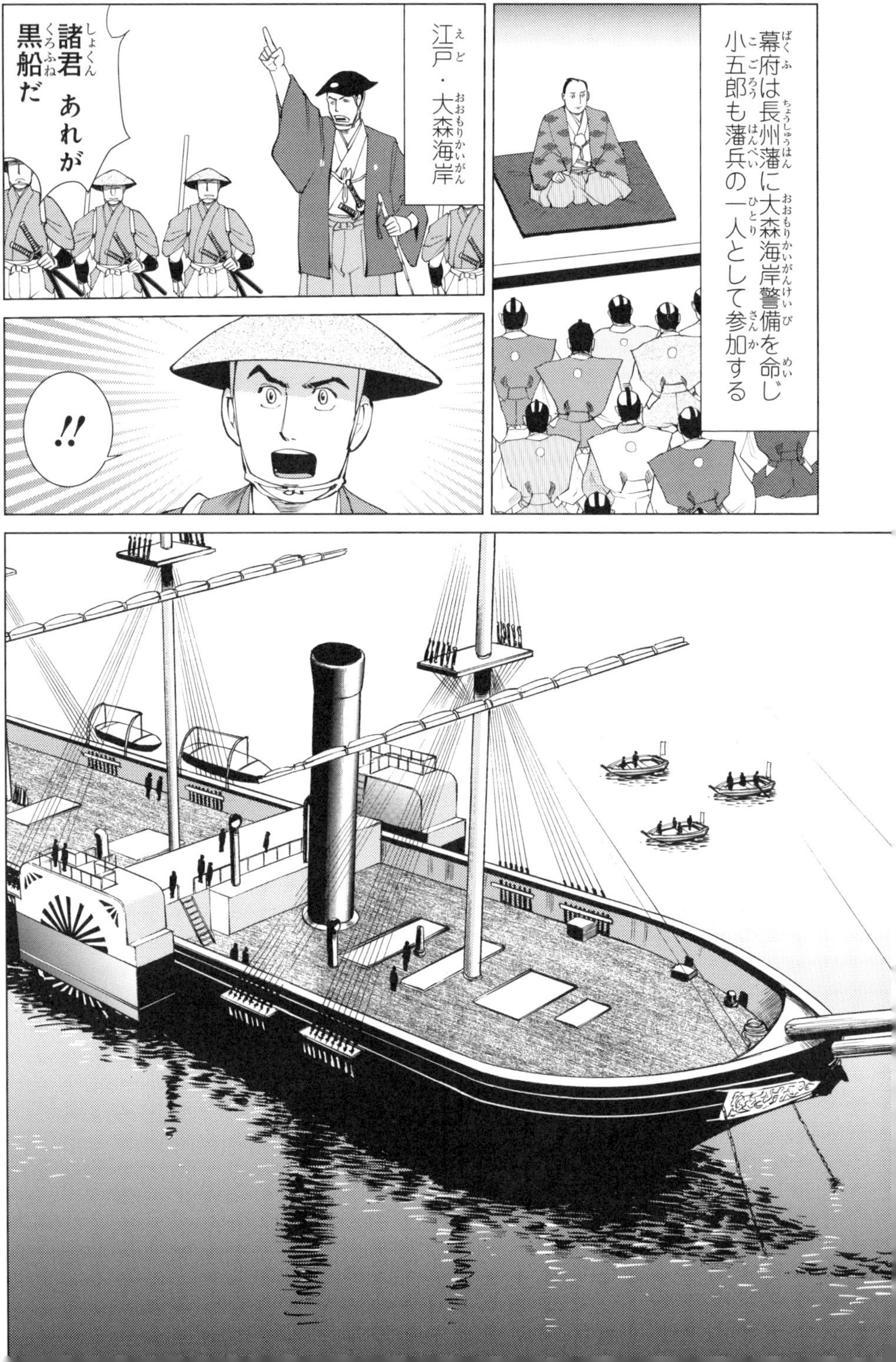
幕府《ばくふ》は長州藩《ちょうしゅうはん》に大森海岸警備《おおもりかいがんけいび》を命《めい》じ小五郎《こごろう》も藩兵《はんぺい》の一人《ひとり》として参加《さんか》する
江戸《えど》・大森海岸《おおもりかいがん》
諸君《しょくん》 あれが 黒船《くろふね》だ
!!

大森《おおもり》…現在《げんざい》の東京都大田区北東部《とうきょうとおおたくほくとうぶ》の一地区《ちく》。当時《とうじ》は東京湾《とうきょうわん》に臨《のぞ》んでいた。

……
幕府《ばくふ》の船《ふね》が
あんなに小《ちい》さく……
ごくり…
公儀《こうぎ》の案内《あんない》はここまで！
あとは そなたらで
なんとかせい！
沿岸防備《えんがんぼうび》をしっかりとな
えっ
全体《ぜんたい》の警備計画《けいびけいかく》の
説明《せつめい》もないのか？
バラバラでは
勝《か》てぬ
わしらだけで
どうすりゃ
いいんだ？
どうすれば日本《ひのもと》が
一《ひと》つに まとまるのか
夷狄《いてき》が攻《せ》めてきているのに
命令系統《めいれいけいとう》すらない――
日本《ひのもと》は一《ひと》つではなく
幕府《ばくふ》と個々《ここ》の藩《はん》の
寄《よ》せ集《あつ》めに すぎないのだ
あの時《とき》 松陰先生《しょういんせんせい》が
おっしゃっていたのは
このことだったのか！

一方《いっぽう》 その頃《ころ》 松陰《しょういん》は師《し》である佐久間象山《さくましょうざん》と 黒船《くろふね》を遠望視察《えんぼうしさつ》していた
ついに来《き》おったぞ 松陰君《しょういんくん》
ほほう! あれが 連中自慢《れんちゅうじまん》の大砲《たいほう》 ペクサン砲《ほう》だな
射程距離《しゃていきょり》は一里《り》 あの沖合《おきあい》から直接《ちょくせつ》 江戸城本丸《えどじょうほんまる》を狙《ねら》えるわい
それに対《たい》して 幕府《ばくふ》の大砲《たいほう》は 四町《ちょう》しか飛《と》ばぬ ……差《さ》は歴然《れきぜん》
松代藩士《まつしろはんし》・兵学家《へいがくか》 佐久間象山《さくましょうざん》
ほれ
あれがペクサン砲《ほう》 ……!
先生《せんせい》 これまで僕《ぼく》は 自《みずか》らの足《あし》と目《め》で この 日本《ひのもと》を見《み》て回《まわ》りました
次《つぎ》は敵《てき》を知《し》る番《ばん》です

ペクサン砲《ほう》…爆発《ばくはつ》する砲弾《ほうだん》を発射《はっしゃ》できるようになった最初《さいしょ》の艦砲《かんぽう》。

一里《り》…約《やく》4キロメートル。

四町《ちょう》…約《やく》四百《ひゃく》四十メートル。

敵《てき》を知《し》り～…中国《ちゅうごく》の兵法書《へいほうしょ》『孫子《そんし》』の一文《ぶん》。敵《てき》と味方《みかた》のどちらもよく理解《りかい》していれば、何度《なんど》戦《たたか》っても負《ま》けない、の意《い》。

「敵《てき》を知《し》り己《おのれ》を知《し》れば
百戦危《ひゃくせんあや》うからず」
——『孫子《そんし》』じゃな
見《み》に行《い》くか
夷狄《いてき》の国《くに》を!?
はい!
その後《ご》ペリーは開国《かいこく》を求《もと》める
アメリカ大統領《だいとうりょう》の親書《しんしょ》を幕府《ばくふ》に渡《わた》すと
翌年《よくねん》の再訪《さいほう》を予告《よこく》して日本《にほん》を去《さ》った
次《つぎ》に連中《れんちゅう》が来《き》た日《ひ》には
何《なに》がなんでも
あの黒船《くろふね》に乗《の》り込《こ》んで
みせるぞ!
幕府《ばくふ》はペリーの再来航《さいらいこう》に備《そな》え
韮山代官《にらやまだいかん》・江川太郎左衛門《えがわたろうざえもん》に
品川沖《しながわおき》に台場《だいば》を築《きず》くよう命《めい》じた
36代伊豆韮山代官《だいいずにらやまだいかん》
江川太郎左衛門《えがわたろうざえもん》
(英龍《ひでたつ》)

親書《しんしょ》…一国《いっこく》の元首《げんしゅ》が他国《たこく》の元首《げんしゅ》に宛《あ》てた、署名《しょめい》のある手紙《てがみ》や文書《ぶんしょ》。

品川《しながわ》…現在《げんざい》の東京都《とうきょうと》品川区《しながわく》北東部《ほくとうぶ》。

台場《だいば》…海防《かいぼう》の目的《もくてき》で要害《ようがい》の地《ち》につくった砲台《ほうだい》。

江戸《えど》・練兵館《れんぺいかん》
何《なに》？ 台場《だいば》の建設現場《けんせつげんば》に行《い》きたいじゃと
はい！ 斎藤先生《さいとうせんせい》と江川様《えがわさま》は古《ふる》くからのご学友《がくゆう》だとか
そこで ぜひとも この桂《かつら》めを江川先生《えがわせんせい》のお供《とも》に推《お》していただけないでしょうか？
よくぞ申《もう》した 桂《かつら》よ その目《め》でしかと見《み》て参《まい》れ 国防《こくぼう》の最前線《さいぜんせん》をな！
ありがとうございます
小五郎《こごろう》は江川太郎左衛門《えがわたろうざえもん》の従者《じゅうしゃ》となり測量法《そくりょうほう》や砲台《ほうだい》について熱心《ねっしん》に学《まな》んだ

桂君《かつらくん》
私《わたし》は農民《のうみん》たちが
この国《くに》を守《まも》る……
そんな時代《じだい》がもう
すぐそこまで来《き》ている
ような気《き》がしている
農民《のうみん》が？
戦《たたか》うのは我《われ》ら
武士《ぶし》の役目《やくめ》では
ございませぬか
さて
武士《ぶし》が役《やく》に
立《た》つかな？
我々《われわれ》には戦国時代《せんごくじだい》から
受《う》け継《つ》がれた兵法《へいほう》や
武芸《ぶげい》がございます
武士《ぶし》も変《か》わらねば
時代《じだい》に取《と》り残《のこ》される
かもしれんぞ
………

第二章《だいしょう》　諸君《しょくん》！　狂《ぐる》いたまえ

嘉永《かえい》六(1853)年《ねん》七月《がつ》
老中首座《ろうじゅうしゅざ》・阿部正弘《あべまさひろ》は
ペリー再来航《さいらいこう》に備《そな》え
大名《だいみょう》・幕臣《ばくしん》・庶民《しょみん》に
至《いた》るまで
広《ひろ》く意見《いけん》を求《もと》めた
老中首座《ろうじゅうしゅざ》
阿部正弘《あべまさひろ》
江戸《えど》・長州藩邸《ちょうしゅうはんてい》
江戸城
台場
陸
肆
壱
伍
弐

老中《ろうじゅう》…将軍直属《しょうぐんちょくぞく》で政務《せいむ》を取《と》りしきる江戸幕府常設《えどばくふじょうせつ》の最高職《さいこうしょく》。首座《しゅざ》…首席《しゅせき》。最上位《さいじょうい》の人《ひと》。

江戸湾《えどわん》の防備《ぼうび》について
誰《だれ》か意見《いけん》のある者《もの》は
おらぬか
おそれながら
申《もう》し上《あ》げます
桂《かつら》！
長州藩《ちょうしゅうはん》・右筆《ゆうひつ》
周布政之助《すふまさのすけ》
はっ！
守備《しゅび》に対《たい》する兵力不足《へいりょくぶそく》には
現地《げんち》の農民《のうみん》を兵士《へいし》として
動員《どういん》してはいかがでしょうか
ざわっ
現地《げんち》の農民《のうみん》を？
ハハハ
鍬《くわ》で戦《たたか》えとでも？
続《つづ》けよ 桂《かつら》
はい

右筆《ゆうひつ》…文書事務《ぶんしょじむ》を担当《たんとう》した役職《やくしょく》。藩政《はんせい》の実務《じつむ》を担《にな》った。

彼《かれ》らは地理《ちり》に詳《くわ》しいだけでなく父祖伝来《ふそでんらい》の土地《とち》を大切《たいせつ》に思《おも》っております
武士《ぶし》も農民《のうみん》もこの国《くに》を愛《あい》する心《こころ》は一緒《いっしょ》ですその思《おも》いを力《ちから》に変《か》えるのです
なるほど……ただそれを実現《じつげん》するためには農民《のうみん》たちの年貢《ねんぐ》を減《げん》じるなど相応《そうおう》の配慮《はいりょ》が必要《ひつよう》になるな
そうせねば各地《かくち》で一揆《いっき》を起《お》こされてわが長州《ちょうしゅう》は滅《ほろ》びる
農民《のうみん》の武装化《ぶそうか》など現実的《げんじつてき》ではございませぬぞ！
一揆《いっき》か……

年貢《ねんぐ》…農民《のうみん》が納《おさ》める税《ぜい》。おもに米《こめ》。

この時《とき》 長州藩《ちょうしゅうはん》を含《ふく》め
諸藩《しょはん》から多《おお》くの意見《いけん》が
寄《よ》せられたものの――
幕府《ばくふ》は打開策《だかいさく》を
見出《みいだ》せないまま
ペリーの再来航《さいらいこう》を迎《むか》え
嘉永《かえい》七（1854）年《ねん》三月《がつ》
日米和親条約《にちべいわしんじょうやく》が結《むす》ばれた
やはり
今《いま》のままでは
だめなのか……
そんな緊迫《きんぱく》した
状況《じょうきょう》の中《なか》――
なんですって！
松陰先生《しょういんせんせい》が
捕《つか》まった？
今《いま》 事実関係《じじつかんけい》を
確認中《かくにんちゅう》だが……
なんでも黒船《くろふね》に乗《の》り込《こ》んで
密航《みっこう》を企《くわだ》てたようだが
異人《いじん》に拒否《きょひ》されたらしい
密航《みっこう》……⁉
今《いま》 君《きみ》が
なすべきことは
なんですか
！

日米和親条約《にちべいわしんじょうやく》…アメリカ船《せん》の燃料《ねんりょう》や食料供給《しょくりょうきょうきゅう》のため、下田《しもだ》・箱館《はこだて》（函館《はこだて》）を開港《かいこう》し、領事《りょうじ》を置《お》くことなどが決《き》められた。

同年《どうねん》十月《がつ》——
松陰《しょういん》は国許蟄居《くにもとちっきょ》の処分《しょぶん》を受《う》けて
萩城下《はぎじょうか》の野山獄《のやまごく》に幽閉《ゆうへい》された
安政《あんせい》二(1855)年《ねん》
萩《はぎ》に帰国《きこく》した小五郎《こごろう》は野山獄中《のやまごくちゅう》の松陰《しょういん》を訪《たず》ねた
おお 久《ひさ》しぶりですね 桂君《かつらくん》
江戸《えど》の様子《ようす》はどうですか
芝新銭座《しばしんせんざ》や築地講武場《つきじこうぶじょう》などで西洋流砲術《せいようりゅうほうじゅつ》の訓練《くんれん》が盛《さか》んに行《おこな》われています

芝新銭座《しばしんせんざ》…現在《げんざい》の東京都港区浜松町《とうきょうとみなとくはままつちょう》。江川太郎左衛門《えがわたろうざえもん》の屋敷《やしき》があった。

蟄居《ちっきょ》…武士《ぶし》への刑罰《けいばつ》の一《ひと》つ。一部屋《ひとへや》で謹慎《きんしん》すること。

野山獄《のやまごく》…現在《げんざい》の山口県萩市今古萩町《やまぐちけんはぎしいまふるはぎまち》にあった、長州藩《ちょうしゅうはん》の武士《ぶし》階級《かいきゅう》の罪人《ざいにん》を収容《しゅうよう》した牢獄《ろうごく》。

築地講武場《つきじこうぶじょう》…安政元《あんせいがん》(1854)年《ねん》、築地《つきじ》(現在《げんざい》の東京都中央区築地《とうきょうとちゅうおうくつきじ》)に幕府《ばくふ》が設置《せっち》した武芸訓練所《ぶげいくんれんじょ》。

そうですか それはいいことです
投獄《とうごく》されて憤慨《ふんがい》していると思《おも》っていたが――
怖《こわ》いぐらいに穏《おだ》やかだ……
僕《ぼく》はね 桂君《かつらくん》 全国各地《ぜんこくかくち》を見《み》てまわり この国《くに》を守《まも》りたいと一層思《いっそうおも》いを強《つよ》くしました
そして この国《くに》を守《まも》るためには――
「敵《てき》を知《し》り 己《おのれ》を知《し》れば 百戦危《ひゃくせんあや》うからず」ですね
その通《とお》りです
しかし先生《せんせい》! 一歩間違《いっぽまちが》えれば あなたは死罪《しざい》に なっていたのですよ
この国《くに》を守《まも》るためなら 私《わたし》の命《いのち》など……!

バン
命《いのち》あっての物種《ものだね》です!
失礼《しつれい》!
すっ
お待《ま》ちなさい!
命《いのち》はなすべきことのために使《つか》われるのではありませんか
さすれば桂君《かつらくん》! 今《いま》君《きみ》がなすべきことはなんですか?
ギィ
!!
欧米諸国《おうべいしょこく》の列強《れっきょう》たるゆえんは「技術《ぎじゅつ》」にあります
この国《くに》を守《まも》るためには急《いそ》ぎ彼《かれ》らの「技術《ぎじゅつ》」を取《と》り入《い》れる必要《ひつよう》があります
よろしい

やがて君《きみ》も その先《さき》に
気《き》がつくでしょう
死《し》んだらそれで
終《お》わりなんです
違《ちが》いますか？
松陰《しょういん》先生《せんせい》……
その後《ご》 江戸《えど》に戻《もど》った小五郎《こごろう》は
松陰《しょういん》の勧《すす》めで西洋式軍艦《せいようしきぐんかん》に精通《せいつう》した
中島三郎助《なかじまさぶろうすけ》に入門《にゅうもん》——
こ これがあの
黒船《くろふね》のしくみか
彼《かれ》の元《もと》で西洋軍学《せいようぐんがく》と
造船術《ぞうせんじゅつ》を学《まな》んだ
浦賀奉行所《うらがぶぎょうしょ》・与力《よりき》
中島三郎助《なかじまさぶろうすけ》
また藩命《はんめい》により赴《おもむ》いた
伊豆《いず》・戸田浦《へだうら》の造船所《ぞうせんしょ》で
造船《ぞうせん》・操縦《そうじゅう》など最先端《さいせんたん》の
技術《ぎじゅつ》を吸収《きゅうしゅう》している
外輪《がいりん》の車軸《しゃじく》
ピストン棒《ぼう》
シリンダ
支軸兼《しじくけん》
蒸気《じょうき》パイプ
試

大老《たいろう》…将軍《しょうぐん》を補佐《ほさ》する、臨時《りんじ》の江戸《えど》幕府《ばくふ》最高職《さいこうしょく》。
勅許《ちょっきょ》…天皇《てんのう》の許可《きょか》。

安政五《あんせい》(1858)年《ねん》四月《がつ》
井伊直弼《いいなおすけ》が幕府《ばくふ》の大老《たいろう》に就任《しゅうにん》
天下《てんか》の政《まつりごと》は我《われ》ら幕府《ばくふ》に任《まか》されておる朝廷《ちょうてい》の許《ゆる》しなどいらぬ！
同年《どうねん》六月《がつ》
幕府《ばくふ》は朝廷《ちょうてい》の勅許《ちょっきょ》を得《え》ずに日米修好通商条約《にちべいしゅうこうつうしょうじょうやく》を締結《ていけつ》した
その頃《ころ》
萩《はぎ》では牢《ろう》から出《だ》された松陰《しょういん》が生家《せいか》の杉家《すぎけ》の一角《いっかく》を借《か》りて松下村塾《しょうかそんじゅく》を開《ひら》き——
幽閉生活《ゆうへいせいかつ》を送《おく》りながら塾生《じゅくせい》らに学問《がくもん》を教《おし》えていた
この度《たび》 わが国《くに》が結《むす》ばされた日米修好通商条約《にちべいしゅうこうつうしょうじょうやく》はアメリカにとって都合《つごう》のよい不平等条約《ふびょうどうじょうやく》なのです

日米修好通商条約《にちべいしゅうこうつうしょうじょうやく》…日本《にほん》とアメリカの間《あいだ》で通商《つうしょう》・航海《こうかい》などに関《かん》して結《むす》ばれた条約《じょうやく》。

……と
高杉晋作《たかすぎしんさく》 20歳《はたち》
いうことは……
久坂玄瑞《くさかげんずい》 19歳《さい》
ポカン
?
伊藤俊輔《いとうしゅんすけ》 18歳《さい》
(のちの伊藤博文《いとうひろぶみ》)
このまま開国《かいこく》すれば いずれ日本《ひのもと》は植民地《しょくみんち》に されてしまうでしょう
植民地《しょくみんち》ですって?
そんなぁ!
ですからアメリカの圧力《あつりょく》に屈《くっ》した幕府《ばくふ》に これ以上《いじょう》 この国《くに》を任《まか》せてはおけません
日本《ひのもと》を一《ひと》つにまとめる政治体制《せいじたいせい》を創《つく》ることが急務《きゅうむ》です!

天子《てんし》…天皇《てんのう》のこと。

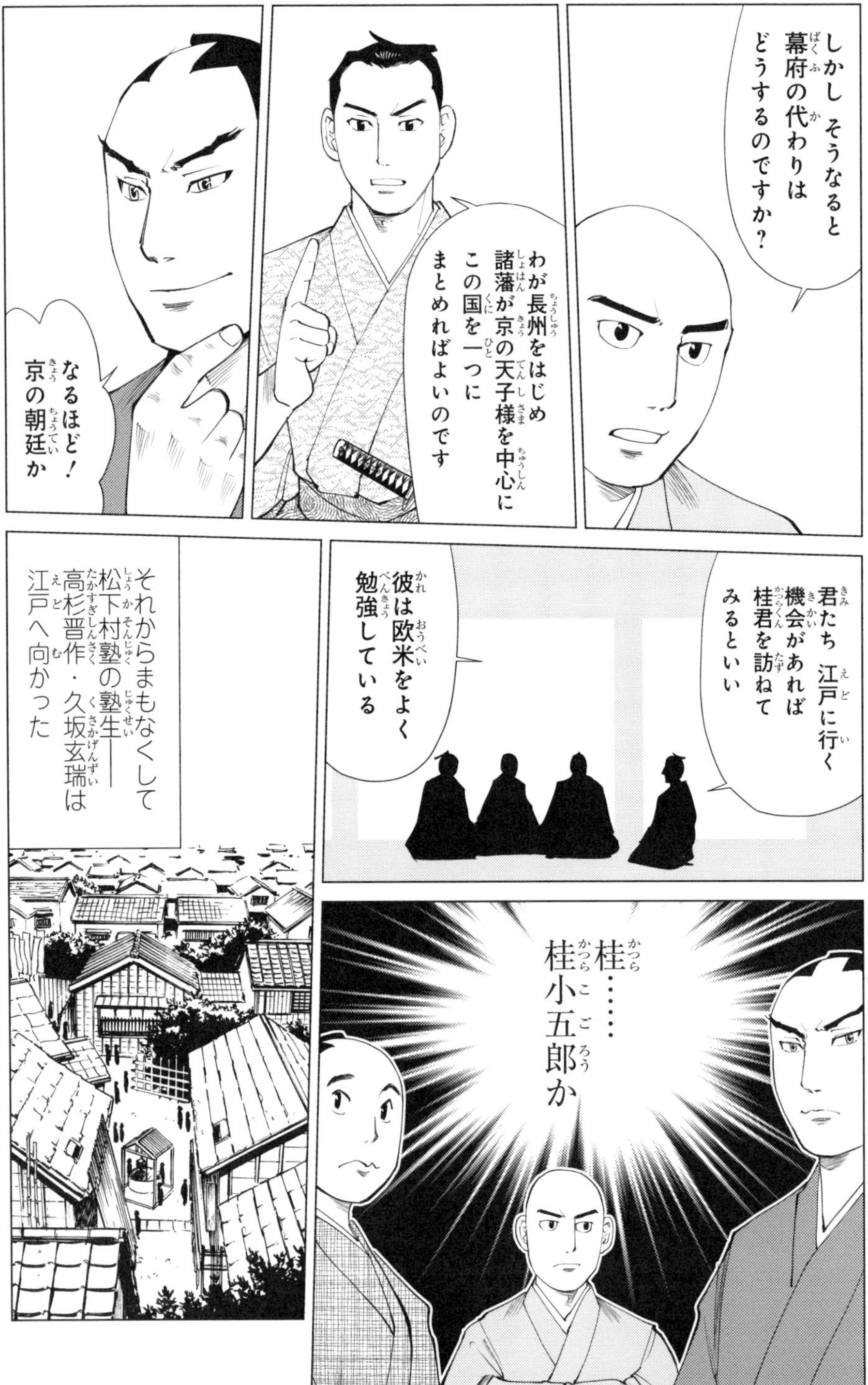

しかし そうなると 幕府《ばくふ》の代《か》わりは どうするのですか？
わが長州《ちょうしゅう》をはじめ 諸藩《しょはん》が京《きょう》の天子様《てんしさま》を中心《ちゅうしん》に この国《くに》を一《ひと》つに まとめればよいのです
なるほど！ 京《きょう》の朝廷《ちょうてい》か
君《きみ》たち 江戸《えど》に行《い》く 機会《きかい》があれば 桂君《かつらくん》を訪《たず》ねて みるといい
彼《かれ》は欧米《おうべい》をよく 勉強《べんきょう》している
それからまもなくして 松下村塾《しょうかそんじゅく》の塾生《じゅくせい》—— 高杉晋作《たかすぎしんさく》・久坂玄瑞《くさかげんずい》は 江戸《えど》へ向《む》かった
桂《かつら》……
桂小五郎《かつらこごろう》か

専横《せんおう》…好《す》き勝手《かって》な振《ふ》る舞《ま》い。

尊王攘夷《そんのうじょうい》…天皇《てんのう》を尊《たっと》び、外国人《がいこくじん》を追《お》い払《はら》う思想《しそう》。尊攘《そんじょう》と略《りゃく》する。

志士《しし》…高《たか》い志《こころざし》を持《も》った人《ひと》。

井伊大老《いいたいろう》の専横《せんおう》は全国各地《ぜんこくかくち》で尊王攘夷《そんのうじょうい》を掲《かか》げる志士《しし》たちの不満《ふまん》を爆発《ばくはつ》させた
井伊《いい》は天子様《てんしさま》をないがしろにしている!
売国奴《ばいこくど》許《ゆる》すまじ!
これに対《たい》し幕府《ばくふ》は尊攘派志士《そんじょうはしし》たちの弾圧《だんあつ》を開始《かいし》する——世《よ》にいう「安政《あんせい》の大獄《たいごく》」である
長州《ちょうしゅう》・杉家《すぎけ》
越前鯖江藩主《えちぜんさばえはんしゅ》・老中《ろうじゅう》 間部詮勝《まなべあきかつ》
安政《あんせい》の大獄《たいごく》を指揮《しき》しているのは井伊大老《いいたいろう》の腹心《ふくしん》間部詮勝《まなべあきかつ》か!
松陰《しょういん》は長州藩《ちょうしゅうはん》をあげての間部詮勝暗殺計画《まなべあきかつあんさつけいかく》を起案《きあん》するが——

越前《えちぜん》…現在《げんざい》の福井県北部《ふくいけんほくぶ》。

鯖江藩《さばえはん》…現在《げんざい》の福井県鯖江市《ふくいけんさばえし》に藩庁《はんちょう》を置《お》いた藩《はん》。

安政《あんせい》五（1858）年《ねん》十二月《がつ》 長州《ちょうしゅう》・杉家《すぎけ》
藩《はん》をあげて老中《ろうじゅう》を暗殺《あんさつ》？
いったい あなたは……何《なに》を言《い》い出《だ》すのです！そんなことをすれば世《よ》の中《なか》はますます大混乱《だいこんらん》に陥《おち》ります
桂君《かつらくん》 君《きみ》もですか……江戸《えど》の高杉《たかすぎ》や久坂《くさか》も「しばらくは自重《じちょう》すべきだ」と手紙《てがみ》を送《おく》ってきましたよ
当然《とうぜん》です！皆《みな》 先生《せんせい》の身《み》を案《あん》じてのこと情勢《じょうせい》は目《め》まぐるしく変《か》わっていますどうか今一度《いまいちど》 冷静《れいせい》に！
君《きみ》たちは功業《こうぎょう》をなし僕《ぼく》は忠義《ちゅうぎ》をなす
グシャッ
いかなる苦難《くなん》が待《ま》ち構《かま》えようとも堂々《どうどう》とぶつかるのが真《しん》の忠義《ちゅうぎ》ではありませんか？

この国《くに》が一《ひと》つになるためならば
僕《ぼく》はこの命《いのち》も……
この世《よ》から長州藩《ちょうしゅうはん》が消《き》えても
構《かま》わないと思《おも》っています
!!
スー
狂《くる》うとはすなわち
常識《じょうしき》を打《う》ち破《やぶ》り
己《おのれ》の信《しん》じる道《みち》を
ひたすら
突《つ》き進《すす》むことです
クッ
狂《くる》いなさい桂君《かつらくん》
百年《ひゃくねん》は一瞬《いっしゅん》です
無為《むい》に過《す》ごしては
なりません
塾生《じゅくせい》たちのこと
頼《たの》みましたよ
にこっ
……!

その後《ご》 再《ふたた》び
野山獄《のやまごく》に投《とう》じられた松陰《しょういん》は
翌安政《よくあんせい》六（1859）年《ねん》五月《がつ》
江戸《えど》に送《おく》られ——
十月《がつ》二十七日《にち》
江戸《えど》・伝馬町牢屋敷《てんまちょうろうやしき》において
処刑《しょけい》された—— 享年《きょうねん》三十
うう…… 松陰先生《しょういんせんせい》〜っ
小五郎《こごろう》は松下村塾《しょうかそんじゅく》の塾生《じゅくせい》・伊藤俊輔《いとうしゅんすけ》らと共《とも》に松陰《しょういん》の遺体《いたい》を引《ひ》き取《と》り小塚原回向院《こづかはらえこういん》に埋葬《まいそう》した
僕《ぼく》はね 桂君《かつらくん》
どうすれば日本《ひのもと》が一《ひと》つに まとまるのか 日々《ひび》 懸命《けんめい》に考《かんが》えています

伝馬町牢屋敷《てんまちょうろうやしき》…現在《げんざい》の東京都中央区日本橋小伝馬町《とうきょうとちゅうおうくにほんばしこでんまちょう》にあった罪人《ざいにん》を収容《しゅうよう》する施設《しせつ》。

小塚原回向院《こづかはらえこういん》…現在《げんざい》の東京都荒川区南千住《とうきょうとあらかわくみなみせんじゅ》にある寺《てら》。

二十一回猛士《かいもうし》…吉田松陰《よしだしょういん》の別号《べつごう》。自分《じぶん》の人生《じんせい》で二十一回《かい》、勇猛《ゆうもう》に行動《こうどう》するという決意《けつい》を表《あらわ》した。

もう泣《な》くな
伊藤君《いとうくん》
松陰二十一回猛士墓
でも桂《かつら》さん！
あんなに必死《ひっし》で
この国《くに》を守《まも》ろうとした
松陰先生《しょういんせんせい》が
幕府《ばくふ》に殺《ころ》されるなんて
先生《せんせい》はおっしゃった
「百年《ひゃくねん》は一瞬《いっしゅん》——無為《むい》に過《す》ごすべからず」と
残《のこ》された者《もの》たちが
志《こころざし》を継《つ》がねば……
小浜藩士《おばまはんし》
梅田雲浜《うめだうんぴん》
福井藩士《ふくいはんし》
橋本左内《はしもとさない》
俺《おれ》は俺《おれ》なりの
やり方《かた》で 日本《ひのもと》を
変《か》えてみせますよ
松陰先生《しょういんせんせい》！
安政《あんせい》の大獄《たいごく》では松陰《しょういん》のほかにも
梅田雲浜《うめだうんぴん》や橋本左内《はしもとさない》ら
数多《かずおお》くの優《すぐ》れた人材《じんざい》が失《うしな》われた——
その結果《けっか》 人々《ひとびと》の幕府《ばくふ》への不信感《ふしんかん》は
ますます募《つの》るばかりであった

小浜藩《おばまはん》…現在《げんざい》の福井県小浜市《ふくいけんおばまし》に藩庁《はんちょう》を置《お》いた藩《はん》。

福井藩《ふくいはん》…現在《げんざい》の福井県福井市《ふくいけんふくいし》に藩庁《はんちょう》を置《お》いた藩《はん》。

第三章《だいしょう》　禁門《きんもん》の変《へん》と“逃《に》げの小五郎《こごろう》”

子《し》曰《いわ》く……
安政《あんせい》六（1859）年《ねん》十一月《がつ》小五郎《こごろう》は江戸《えど》の長州藩校《ちょうしゅうはんこう》・有備館《ゆうびかん》の用掛《ようがかり》に任命《にんめい》され藩士《はんし》の育成《いくせい》に携《たずさ》わる一方《いっぽう》——
松下村塾《しょうかそんじゅく》の塾生《じゅくせい》たちとも交流《こうりゅう》するようになる
今《いま》一瞬《いっしゅん》松陰先生《しょういんせんせい》が……
ごしごし
なわけあるか

用掛《ようがかり》…責任者《せきにんしゃ》。

カ
カッ
ばっ
だから仇討《あだう》ちなど
意味《いみ》がないと 何度《なんど》
言《い》ったら わかるんだ
久坂君《くさかくん》！
あなたは塾生《じゅくせい》ではないから
手前《てまえ》どもの気持《きも》ちが
わからんのです
確《たし》かに……
……

そんなことより
今《いま》は長州《ちょうしゅう》をはじめ諸藩《しょはん》が
京《きょう》の天子様《てんしさま》を中心《ちゅうしん》に……
この国《くに》を一《ひと》つに
まとめることが
先決《せんけつ》であろう！
!!
松陰先生《しょういんせんせい》……！
久坂《くさか》
もういい
やめとけ！
桂《かつら》さん
俺《おれ》たちには俺《おれ》たちの
やり方《かた》がある……
失礼《しつれい》します
高杉君《たかすぎくん》……
ところが――

安政《あんせい》七(1860)年《ねん》三月三日《がつみっか》
江戸城《えどじょう》・桜田門外《さくらだもんがい》にて
大老《たいろう》・井伊直弼《いいなおすけ》が暗殺《あんさつ》された
暗殺《あんさつ》したのは水戸藩《みとはん》と薩摩藩《さつまはん》の浪士《ろうし》ですって?
うむ 白昼堂々《はくちゅうどうどう》の大老暗殺《たいろうあんさつ》とはな 幕府《ばくふ》はいよいよダメだぞ
くそ! 先《さき》を越《こ》されたか だから言《い》わぬことではない 桂《かつら》さんは手《て》ぬるいんだ
あせるな 高杉君《たかすぎくん》
今《いま》こそ朝廷《ちょうてい》を中心《ちゅうしん》に 諸藩《しょはん》が一致団結《いっちだんけつ》して この未曾有《みぞう》の国難《こくなん》を乗《の》り切《き》るんだ!
万延元《まんえんがん》(1860)年《ねん》七月《がつ》
小五郎《こごろう》は長州《ちょうしゅう》の軍艦《ぐんかん》・丙辰丸《へいしんまる》で
水戸《みと》と密約《みつやく》を結《むす》んだ
それは水戸《みと》が幕政《ばくせい》の障害《しょうがい》を除《のぞ》き
長州《ちょうしゅう》がその後《あと》の改革《かいかく》を引《ひ》き受《う》ける
というものであった(丙辰丸《へいしんまる》の盟約《めいやく》)

江戸城《えどじょう》…現在《げんざい》の東京都千代田区《とうきょうとちよだく》にあった城《しろ》。

桜田門《さくらだもん》…江戸城内《えどじょうない》の門《もん》の一《ひと》つ。江戸城《えどじょう》の南西《なんせい》にあたる。

水戸藩《みとはん》…現在《げんざい》の茨城県水戸市《いばらきけんみとし》に藩庁《はんちょう》を置《お》いた藩《はん》。

薩摩藩《さつまはん》…現在《げんざい》の鹿児島県鹿児島市《かごしまけんかごしまし》に藩庁《はんちょう》を置《お》いた藩《はん》。

浪士《ろうし》…仕《つか》える主人《しゅじん》のいない武士《ぶし》。浪人《ろうにん》。

未曾有《みぞう》…今《いま》まで一度《いちど》もなかったこと。

そのころ政治《せいじ》の舞台《ぶたい》は
天皇《てんのう》のいる京都《きょうと》に移《うつ》っていたが
安政《あんせい》の大獄《たいごく》で弾圧《だんあつ》を受《う》けた尊攘派《そんじょうは》の
志士《しし》たちの 報復《ほうふく》ともいうべき
暗殺《あんさつ》が横行《おうこう》していた
「天誅《てんちゅう》」の名《な》の元《もと》に
幕府《ばくふ》の要人《ようじん》や佐幕派《さばくは》の人々《ひとびと》が
次々《つぎつぎ》と犠牲《ぎせい》になった
文久《ぶんきゅう》二（1862）年《ねん》三月《がつ》
島津久光《しまづひさみつ》が藩兵千人《はんぺいせんにん》と共《とも》に上洛《じょうらく》
薩摩藩《さつまはん》・国父《こくふ》
島津久光《しまづひさみつ》
14代将軍《だいしょうぐん》
徳川家茂《とくがわいえもち》
尊攘派《そんじょうは》の志士《しし》たちを取《と》り締《し》まると
そのまま江戸《えど》へ下《くだ》り
幕政改革《ばくせいかいかく》を要求《ようきゅう》した

天誅《てんちゅう》…天《てん》の代《か》わりに罰《ばつ》を加《くわ》えること。天罰《てんばつ》。
佐幕《さばく》…幕府《ばくふ》の存続《そんぞく》を支持《しじ》すること。
上洛《じょうらく》…京都《きょうと》へ上《のぼ》ること。
国父《こくふ》…藩主《はんしゅ》の実父《じっぷ》として久光《ひさみつ》が用《もち》いた称号《しょうごう》。

同年閏八月《どうねんうるう がつ》
江戸《えど》
御旅籠
ベン
ベベン
三千《さんぜん》せかいのお～
カラスをお殺《ころ》しい～
ぬしと朝寝《あさね》がしてみたい
…
高杉《たかすぎ》さん！
よう諸君《しょくん》
いつ上海《シャンハイ》からお戻《もど》りで？
どうでした向《む》こうの様子《ようす》は？
ああ……見《み》てられなかったよ
何《なに》があったんです？
長州藩士《ちょうしゅうはんし》
吉田栄太郎《よしだえいたろう》
（のちの稔麿《としまろ》）

随行員《ずいこういん》…地位《ちい》の高《たか》い人《ひと》の供《とも》としてつき行《い》く役目《やくめ》の人《ひと》。

高杉《たかすぎ》はこの年《とし》の五月《がつ》に
幕府使節随行員《ばくふしせつずいこういん》として
上海《シャンハイ》へ渡航《とこう》しており――
清国《しんこく》が
欧米列強《おうべいれっきょう》の植民地同然《しょくみんちどうぜん》となった
惨状《さんじょう》を目《ま》の当《あ》たりにしたことで
より一層強《いっそうつよ》く攘夷《じょうい》の実現《じつげん》を
望《のぞ》むようになっていた
一方《いっぽう》 小五郎《こごろう》は桜田門外《さくらだもんがい》の変以降《へんいこう》
他藩《たはん》の識者《しきしゃ》らと積極的《せっきょくてき》に会合《かいごう》し
日本《にほん》が進《すす》むべき道《みち》を模索《もさく》していた
京都《きょうと》・長州藩邸《ちょうしゅうはんてい》
右筆《ゆうひつ》・学習院用掛《がくしゅういんようがかり》となった小五郎《こごろう》は
周布政之助《すふまさのすけ》ら長州藩《ちょうしゅうはん》の幹部《かんぶ》と
藩主《はんしゅ》・毛利敬親《もうりたかちか》に談判《だんぱん》をする

学習院《がくしゅういん》…弘化《こうか》四（１８４７）年《ねん》に京都《きょうと》に開校《かいこう》した公家《くげ》の学校《がっこう》。文久《ぶんきゅう》二（１８６２）～文久《ぶんきゅう》三（１８６３）年《ねん》は、朝廷《ちょうてい》と諸藩《しょはん》の交渉《こうしょう》の場《ば》となった。

殿《との》！井伊大老《いいたいろう》が独断《どくだん》で進《すす》めた先《さき》の条約《じょうやく》を破棄《はき》し
改《あらた》めて日本側《にほんがわ》の主導《しゅどう》で開国《かいこく》をやり直《なお》すべきでございます
幕府《ばくふ》のやり方《かた》ではだめだということを諸藩《しょはん》にも納得《なっとく》させるのです
長州藩士《ちょうしゅうはんし》
周布政之助《すふまさのすけ》
そのようなことができるのか？
いくつかの藩《はん》も同調《どうちょう》していますそれでなお戦争《せんそう》になれば戦《たたか》うまでです
一度《いちど》この国《くに》を死地《しち》に追《お》い込《こ》まねば幕藩体制《ばくはんたいせい》から脱《だっ》して新《あたら》しい国家《こっか》へと生《う》まれ変《か》わることなどできません
小五郎《こごろう》たちはそれまで長州藩《ちょうしゅうはん》の藩論《はんろん》だった「公武合体《こうぶがったい》」を改《あらた》め「破約攘夷《はやくじょうい》」を提案《ていあん》――
うーむ……なるほどのぅ
高杉《たかすぎ》ら攘夷派《じょういは》もこれを支持《しじ》し藩主《はんしゅ》・毛利敬親《もうりたかちか》の同意《どうい》を得《え》て長州《ちょうしゅう》は一《ひと》つにまとまった……かに見《み》えたが――

公武合体《こうぶがったい》…朝廷《ちょうてい》と幕府《ばくふ》が一体《いったい》となること。
破約攘夷《はやくじょうい》…修好通商条約《しゅうこうつうしょうじょうやく》を破棄《はき》し、外国《がいこく》を打《う》ち払《はら》うこと。

生麦村《なまむぎむら》…現在《げんざい》の神奈川県横浜市鶴見区生麦《かながわけんよこはましつるみくなまむぎ》。

御殿山《ごてんやま》…現在《げんざい》の品川区北品川《しながわくきたしながわ》。

公使館《こうしかん》…公使《こうし》（国《くに》を代表《だいひょう》し外国《がいこく》に常駐《じょうちゅう》する外交官《がいこうかん》）の事務所《じむしょ》。

江戸《えど》では
薩摩藩《さつまはん》がイギリス人《じん》四人《にん》を殺傷《さっしょう》した？
御旅籠
ええ……生麦村《なまむぎむら》でイギリス人《じん》が騎乗《きじょう》したまま行列《ぎょうれつ》を横切《よこぎ》ったので無礼討《ぶれいう》ちにしたそうです
島津久光公《しまづひさみつこう》の行列《ぎょうれつ》か！
高杉《たかすぎ》さん わが長州《ちょうしゅう》の藩論《はんろん》は攘夷《じょうい》です 我《われ》らも立《た》ち上《あ》がらねば
よし！ 俺《おれ》たちもやってやろうじゃないか 諸君《しょくん》
この国《くに》から夷狄《いてき》を追《お》っ払《ぱら》うんだ！
同年《どうねん》十二月《がつ》 高杉晋作《たかすぎしんさく》と久坂玄瑞《くさかげんずい》らが江戸《えど》の品川《しながわ》・御殿山《ごてんやま》に建設中《けんせつちゅう》の イギリス公使館《こうしかん》を焼《や》き討《う》ち——急進的《きゅうしんてき》な攘夷運動《じょういうんどう》を展開《てんかい》した

江戸《えど》・福井藩邸《ふくいはんてい》
わが長州藩《ちょうしゅうはん》が唱《とな》える破約攘夷《はやくじょうい》の本質《ほんしつ》はあくまで開国《かいこく》のための手続《てつづ》きに過《す》ぎません
まずは列強《れっきょう》と対等《たいとう》に渡《わた》り合《あ》える国力《こくりょく》をつけることが急務《きゅうむ》です
小楠先生《しょうなんせんせい》の開国論《かいこくろん》と同一《どういつ》とお考《かんが》えください
なるほどな長州《ちょうしゅう》にも君《きみ》のように開明的《かいめいてき》な人間《にんげん》がおったとですね
福井藩《ふくいはん》・政治顧問《せいじこもん》
横井小楠《よこいしょうなん》
恐《おそ》れ入《い》ります……長州藩《ちょうしゅうはん》も急進的《きゅうしんてき》な攘夷論者《じょういろんしゃ》だけが世《よ》の中《なか》を変《か》えようとしているわけではないのです
よかよか それでこの先《さき》日本《ひのもと》が一《ひと》つにまとまったら次《つぎ》はどげんしますか？ 桂君《かつらくん》
次《つぎ》……？
日本《ひのもと》はいずれ世界中《せかいじゅう》の戦争《せんそう》を止《と》める国《くに》にならんといかんちオイは思《おも》うとりますばい

こっ……
この国《くに》がですか？
そげんです
東洋《とうよう》の心《こころ》に
西洋《せいよう》の技術《ぎじゅつ》
双方《そうほう》を今《いま》 持《も》てるのは
日本《ひのもと》だけですたい
……
今《いま》 日本《ひのもと》は岐路《きろ》に
立《た》たされとります
このまま国《くに》が まとまらずに
欧米列強《おうべいれっきょう》の植民地《しょくみんち》になるのか
それとも 世界《せかい》が理想《りそう》とする
国《くに》になるための第一歩《だいいっぽ》を
踏《ふ》み出《だ》すのか
その方向《ほうこう》を決《き》めるのは
今《いま》を生《い》きる我々《われわれ》ですけんね
!!

鳥取藩《とっとりはん》…現在《げんざい》の鳥取県鳥取市《とっとりけんとっとりし》に藩庁《はんちょう》を置《お》いた藩《はん》。因州藩《いんしゅうはん》とも。

岡山藩《おかやまはん》…現在《げんざい》の岡山県岡山市《おかやまけんおかやまし》に藩庁《はんちょう》を置《お》いた藩《はん》。備前藩《びぜんはん》とも。

今《いま》君《きみ》がなすべきことはなんですか?
そうだ……これだ!
ありがとうございます小楠先生《しょうなんせんせい》!
その後《ご》も小五郎《こごろう》は長州藩《ちょうしゅうはん》の外交官《がいこうかん》として鳥取藩《とっとりはん》・岡山藩《おかやまはん》・広島藩《ひろしまはん》などの諸藩《しょはん》と交流《こうりゅう》し天皇中心《てんのうちゅうしん》の新政権《しんせいけん》をめざして奔走《ほんそう》する
上洛《じょうらく》した小五郎《こごろう》は反幕府《はんばくふ》の三条実美《さんじょうさねとみ》ら尊攘派《そんじょうは》公卿《くぎょう》とも提携《ていけい》
公卿《くぎょう》 三条実美《さんじょうさねとみ》
何《なに》とぞ
安心《あんしん》しなはれ 桂《かつら》はん 朝廷《ちょうてい》から幕府《ばくふ》には期限付《きげんつ》きで攘夷実行《じょういじっこう》を約束《やくそく》させまひょ

広島藩《ひろしまはん》…現在《げんざい》の広島県広島市《ひろしまけんひろしまし》に藩庁《はんちょう》をおいた藩《はん》。芸州藩《げいしゅうはん》とも。

公卿《くぎょう》…公家《くげ》のうち位階《いかい》が「従三位《じゅさんみ》」より上《うえ》か、官職《かんしょく》が「参議《さんぎ》」以上《いじょう》の者《もの》。

あとは幕府《ばくふ》が己《おのれ》の非力《ひりき》さに気《き》がついて考《かんが》えを改《あらた》めてくれればそれでよいのだが……
ん？あれは
将軍後見職《しょうぐんこうけんしょく》
一橋慶喜《ひとつばしよしのぶ》
……弱体化《じゃくたいか》した幕府《ばくふ》の思《おも》い通《どお》りにさせてなるものか
文久《ぶんきゅう》三（1863）年《ねん》四月《がつ》
京都《きょうと》・長州藩邸《ちょうしゅうはんてい》
桂《かつら》さん！ついに幕府《ばくふ》が攘夷実行《じょういじっこう》を受《う》け入《い》れましたよ
本当《ほんとう》か伊藤君《いとうくん》
ええ！実行期限《じっこうきげん》は五月十日《がつとおか》に決《き》まりました
さあ これからが正念場《しょうねんば》だぞ 諸藩《しょはん》が攘夷《じょうい》に同調《どうちょう》しなければ今《いま》までの苦労《くろう》が水《みず》の泡《あわ》になってしまう

将軍後見職《しょうぐんこうけんしょく》…幼少《ようしょう》または病弱《びょうじゃく》の将軍《しょうぐん》を補佐《ほさ》する臨時職《りんじしょく》。

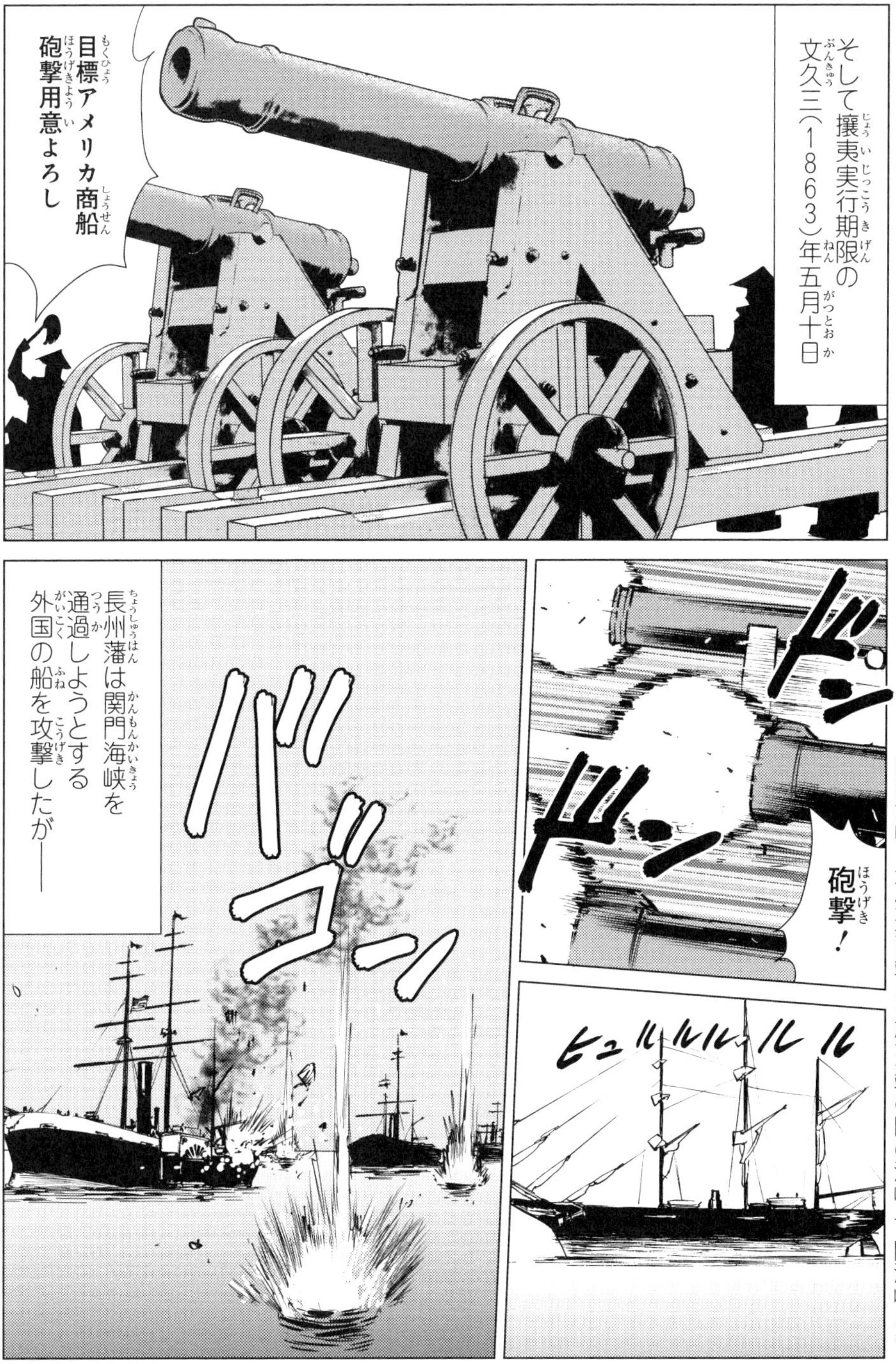
そして攘夷《じょうい》実行《じっこう》期限《きげん》の文久《ぶんきゅう》三（1863）年《ねん》五月《がつ》十日《とおか》
目標《もくひょう》アメリカ商船《しょうせん》砲撃用意《ほうげきようい》よろし
ドン
ドン
砲撃《ほうげき》！
長州藩《ちょうしゅうはん》は関門海峡《かんもんかいきょう》を通過《つうか》しようとする外国《がいこく》の船《ふね》を攻撃《こうげき》したが――
バゴーッ
ヒュルルルルルル

関門海峡《かんもんかいきょう》…本州《ほんしゅう》最西端《さいせいたん》と九州《きゅうしゅう》北端《ほくたん》の間《あいだ》の海峡《かいきょう》。下関海峡《しものせきかいきょう》とも。

クアアアッ
当《あ》たった！
幕府《ばくふ》も他藩《たはん》もこれに同調《どうちょう》せず
長州藩《ちょうしゅうはん》が単独《たんどく》で欧米《おうべい》を相手《あいて》に
戦《たたか》わなければならなくなった
アヘン戦争《せんそう》と
同《おな》じ展開《てんかい》か！
日本《にほん》が一《ひと》つになって
戦《たたか》わねば勝《か》てぬ
一方《いっぽう》で長州《ちょうしゅう》はその二日後《ふつかご》
欧米《おうべい》の最新技術《さいしんぎじゅつ》を学《まな》ばせるため
イギリスの首都《しゅと》・ロンドンへ
伊藤俊輔《いとうしゅんすけ》（博文《ひろぶみ》）・井上聞多《いのうえもんた》（馨《かおる》）・遠藤謹助《えんどうきんすけ》・
山尾庸三《やまおようぞう》・野村弥吉《のむらやきち》（井上勝《いのうえまさる》）の
五人《にん》を極秘《ごくひ》で留学《りゅうがく》させてもいた
伊藤俊輔《いとうしゅんすけ》（博文《ひろぶみ》）
野村弥吉《のむらやきち》（井上勝《いのうえまさる》）
遠藤謹助《えんどうきんすけ》
山尾庸三《やまおようぞう》
井上聞多《いのうえもんた》（馨《かおる》）
京都御所《きょうとごしょ》
朕《ちん》は夷狄《いてき》は好《す》かぬが
幕府《ばくふ》をないがしろにする
長州《ちょうしゅう》や浪士《ろうし》どもには
うんざりしておる！
孝明天皇《こうめいてんのう》

京都御所《きょうとごしょ》…京都府京都市《きょうとふきょうとし》にある旧皇居《きゅうこうきょ》。

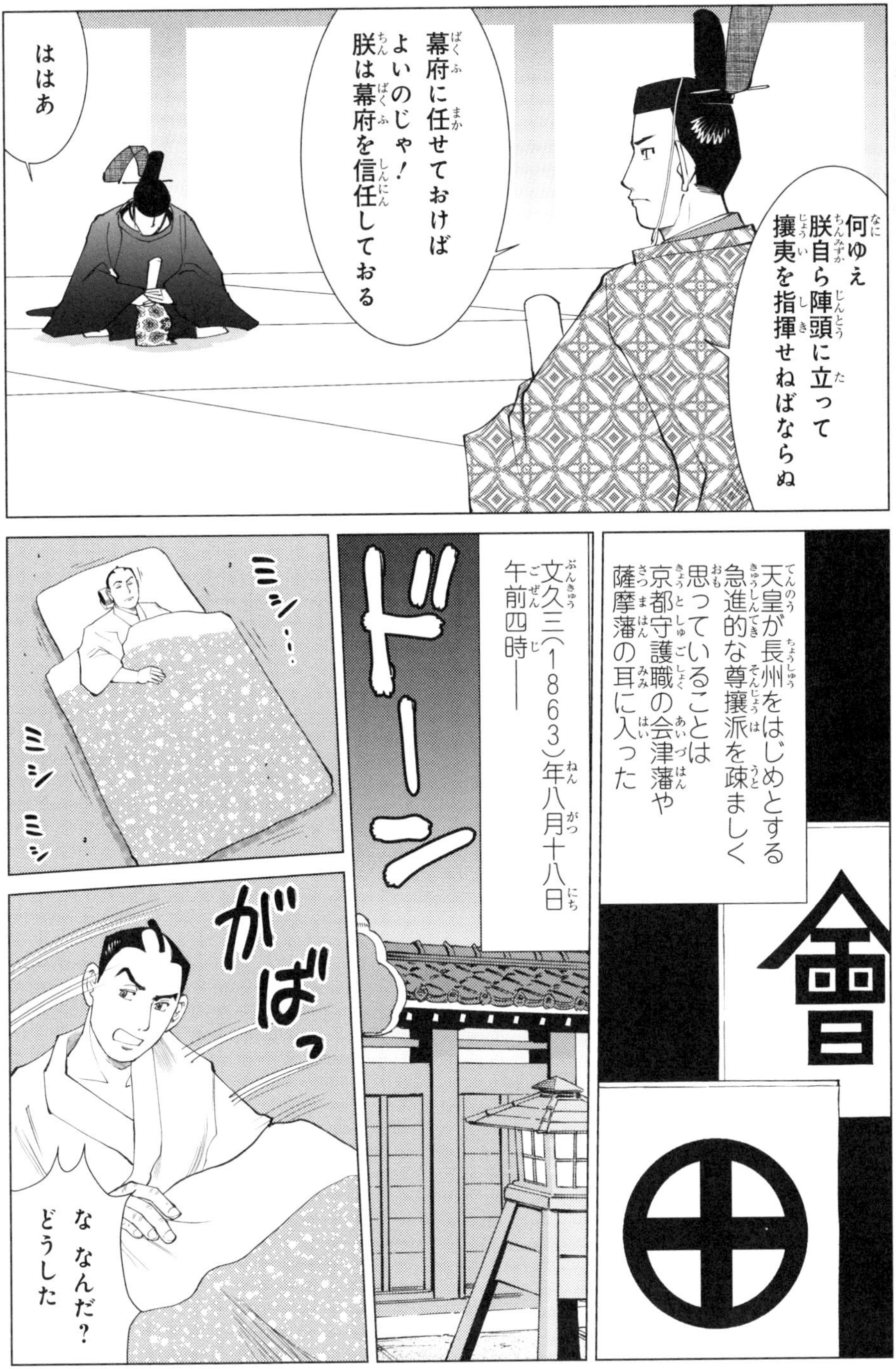
何《なに》ゆえ朕自《ちんみずか》ら陣頭《じんとう》に立《た》って攘夷《じょうい》を指揮《しき》せねばならぬ
幕府《ばくふ》に任《まか》せておけばよいのじゃ！朕《ちん》は幕府《ばくふ》を信任《しんにん》しておる
ははあ
天皇《てんのう》が長州《ちょうしゅう》をはじめとする急進的《きゅうしんてき》な尊攘派《そんじょうは》を疎《うと》ましく思《おも》っていることは京都守護職《きょうとしゅごしょく》の会津藩《あいづはん》や薩摩藩《さつまはん》の耳《みみ》に入《はい》った
文久《ぶんきゅう》三（1863）年《ねん》八月《がつ》十八日《にち》午前《ごぜん》四時《じ》——
ドーン
ミシ…
ミシ ミシ ミシ
がばっ
な なんだ？どうした

京都守護職《きょうとしゅごしょく》…京都《きょうと》および広《ひろ》く近畿《きんき》の治安《ちあん》にあたった、幕末《ばくまつ》の江戸幕府《えどばくふ》の重職《じゅうしょく》。
会津藩《あいづはん》…現在《げんざい》の福島県会津若松市《ふくしまけんあいづわかまつし》に藩庁《はんちょう》を置《お》いた藩《はん》。

堺町御門《さかいまちごもん》…京都御所《きょうとごしょ》の南側《みなみがわ》の門《もん》の一《ひと》つ。

勅命《ちょくめい》…天皇《てんのう》の命令《めいれい》。

クーデター…武力《ぶりょく》によって政権《せいけん》を奪《うば》うこと。

京都御所《きょうとごしょ》・堺町御門《さかいまちごもん》
長州藩《ちょうしゅうはん》は堺町御門《さかいまちごもん》の護衛《ごえい》から解任《かいにん》された！
何《なに》っ？
会津藩兵《あいづはんぺい》
勅命《ちょくめい》であるぞ ただちに御所《ごしょ》より出《で》て行《い》かれよ！
長州藩兵《ちょうしゅうはんぺい》
なぜ尊王《そんのう》の我々《われわれ》が？
従《したが》わねば朝敵《ちょうてき》であると心得《こころえ》よ！
会津《あいづ》・薩摩《さつま》を中心《ちゅうしん》とする諸藩《しょはん》と公武合体派《こうぶがったいは》の公卿《くぎょう》によるクーデターが勃発《ぼっぱつ》――
（八月《がつ》十八日《にち》の政変《せいへん》）

長州《ちょうしゅう》
京都《きょうと》
長州《ちょうしゅう》の藩兵千人《はんぺいせんにん》あまりは三条実美《さんじょうさねとみ》ら七人《にん》の公卿《くぎょう》と共《とも》に京都《きょうと》から追放《ついほう》された(七卿落《しちきょうお》ち)
誰《だれ》だ? この画《え》を描《えが》いたのは……
一橋《ひとつばし》……!
その後《ご》 長州《ちょうしゅう》に戻《もど》った小五郎《こごろう》は藩主《はんしゅ》・敬親《たかちか》の側近《そっきん》として藩政《はんせい》を統括《とうかつ》する要職《ようしょく》に就《つ》いたが——
それにしてもまんまと会津《あいづ》と薩摩《さつま》にしてやられたもんですな
いや おそらく司令塔《しれいとう》は幕府《ばくふ》だ高杉君《たかすぎくん》

幕府《ばくふ》ですって?
元治元《げんじがん》(1864)年《ねん》三月《がつ》
一橋慶喜《ひとつばしよしのぶ》は幕府《ばくふ》の役職《やくしょく》であった
将軍後見職《しょうぐんこうけんしょく》を辞任《じにん》し
新《あら》たに朝廷《ちょうてい》の役職《やくしょく》である
禁裏御守衛総督《きんりごしゅえいそうとく》に就任《しゅうにん》した
再《ふた》び京都《きょうと》――
八月《がつ》十八日《にち》の政変以降《せいへんいこう》
幕府中心《ばくふちゅうしん》の改革《かいかく》を
引《ひ》っ張っているのは
一橋慶喜《ひとつばしよしのぶ》で間違《まちが》いない
長州系《ちょうしゅうけい》の尊攘派浪士《そんじょうはろうし》らは
京都《きょうと》における発言力奪回《はつげんりょくだっかい》に
執念《しゅうねん》を燃《も》やしていた
幕府《ばくふ》もこの動《うご》きを警戒《けいかい》し
会津藩主《あいづはんしゅ》・松平容保《まつだいらかたもり》が務《つと》める
京都守護職《きょうとしゅごしょく》の下《した》に新撰組《しんせんぐみ》を置《お》く
などして取《と》り締《し》まりを強化《きょうか》する
京都《きょうと》はまたもや
幕府《ばくふ》の天下《てんか》と
なった……

禁裏御守衛総督《きんりごしゅえいそうとく》…幕末《ばくまつ》に、幕府了解《ばくふりょうかい》のもと、朝廷《ちょうてい》が禁裏《きんり》(京都御所《きょうとごしょ》)を警護《けいご》するために設置《せっち》した役職《やくしょく》。

新撰組《しんせんぐみ》…幕府《ばくふ》が浪士《ろうし》らを集《あつ》めて編成《へんせい》した武力組織《ぶりょくそしき》。

元治元《げんじがん》(1864)年《ねん》六月《がつ》五日《いつか》
京《きょう》の旅館《りょかん》・池田屋《いけだや》
こうなれば京都守護職《きょうとしゅごしょく》を暗殺《あんさつ》して……
御所《ごしょ》に火《ひ》を放《はな》ち天子様《てんしさま》を長州《ちょうしゅう》にお迎《むか》えするのだ
ダダダッ
!!
小五郎《こごろう》はこの時《とき》対馬藩邸《つしまはんてい》にいた
御用改《ごようあらた》めである!
公儀転覆《こうぎてんぷく》を企《くわだ》てる不逞《ふてい》の輩《やから》め!神妙《しんみょう》にいたせ
何《なに》!新撰組《しんせんぐみ》が?
ワァアアッ

対馬藩《つしまはん》…現在《げんざい》の長崎県対馬市《ながさきけんつしまし》に藩庁《はんちょう》を置《お》いた藩《はん》。

桂《かつら》さんも早《はや》く逃《に》げたほうがいい
対馬藩士《つしまはんし》
大島友之允《おおしまとものじょう》
くっ! なんということだ
桂《かつら》め……逃《に》げたか
長州《ちょうしゅう》の大物《おおもの》を斬《き》りそこねたわ
新撰組《しんせんぐみ》・局長《きょくちょう》
近藤勇《こんどういさみ》
この池田屋事件《いけだやじけん》で尊攘派《そんじょうは》は長州藩士《ちょうしゅうはんし》の吉田稔麿《よしだとしまろ》を筆頭《ひっとう》に多《おお》くの逸材《いつざい》を失《うしな》ってしまう

これに対《たい》し長州藩《ちょうしゅうはん》は
挙兵上洛《きょへいじょうらく》を決行《けっこう》
ワアッ
八月《がつ》十八日《にち》の政変《せいへん》 による 京《きょう》からの追放《ついほう》 そして こたびの池田屋事件《いけだやじけん》! もはや待《ま》てぬ
長州藩士《ちょうしゅうはんし》
来島又兵衛《きじままたべえ》
この時《とき》 長州軍《ちょうしゅうぐん》の進軍《しんぐん》を 中止《ちゅうし》させようとした高杉晋作《たかすぎしんさく》は 君命違反《くんめいいはん》で投獄《とうごく》され 周布政之助《すふまさのすけ》も 獄中《ごくちゅう》の晋作《しんさく》を訪《たず》ねた罪《つみ》で失脚《しっきゃく》した
私怨《しえん》で兵《へい》を出《だ》すな! ここで挑発《ちょうはつ》に乗《の》れば 幕府《ばくふ》の思《おも》うつぼだ
引《ひ》っ立《た》てい
京都《きょうと》にいた小五郎《こごろう》も 藩内《はんない》の動《うご》きを阻止《そし》することが できず――
早《はや》まったことを…… なんとかしなければ

鳥取藩《とっとりはん》を説得《せっとく》して長州《ちょうしゅう》に味方《みかた》するよう求《もと》めたが――
万事休《ばんじきゅう》す
そこをなんとか！
小五郎《こごろう》は友人《ゆうじん》である尊攘派《そんじょうは》の鳥取藩士《とっとりはんし》・河田景与《かわだかげとも》を動《うご》かすことはついにできなかった
元治元《げんじがん》（1864）年《ねん》七月《がつ》十九日《にち》長州藩兵《ちょうしゅうはんぺい》二千《せん》が京都《きょうと》になだれこむと一橋慶喜《ひとつばしよしのぶ》は自《みずか》ら御所守備軍《ごしょしゅびぐん》を指揮《しき》した
ウオオオオオオッ
ドン ドン
會
長州《ちょうしゅう》を徹底的《てっていてき》に叩《たた》くべし！

この禁門《きんもん》（蛤御門《はまぐりごもん》）の変《へん》と
よばれる戦《たたか》いで――
久坂玄瑞《くさかげんずい》や松下村塾《しょうかそんじゅく》の
若《わか》い塾生《じゅくせい》たちも
無念《むねん》の戦死《せんし》を遂《と》げた
京都《きょうと》の町《まち》に燃《も》え広《ひろ》がる戦火《せんか》を
見《み》た人々《ひとびと》は　この大火《たいか》を
「どんどん焼《や》け」と表現《ひょうげん》し――
攘夷《じょうい》を決行《けっこう》した結果《けっか》
幕府《ばくふ》に追《お》い詰《つ》められ
戦《いくさ》に及《およ》んだ長州兵《ちょうしゅうへい》を憐《あわ》れむ声《こえ》も
少《すく》なくなかったという
はあ
はあ
はあ

禁門《きんもん》（蛤御門《はまぐりごもん》）…禁門《きんもん》は皇居《こうきょ》（御所《ごしょ》）の門《もん》のことで、蛤御門《はまぐりごもん》は京都御所《きょうとごしょ》の西側《にしがわ》の門《もん》の一《ひと》つ。

長州《ちょうしゅう》は もう終《お》わりだ
桂君《かつらくん》 塾生《じゅくせい》たちのこと頼《たの》みましたよ
松陰先生《しょういんせんせい》……！
俺《おれ》は長州藩《ちょうしゅうはん》を復権《ふっけん》させることもできず
戦《たたか》いを止《と》めることもできず
ダン
うわあああああ
先生《せんせい》の門下生《もんかせい》を守《まも》ることさえできなかった！

四日後《よっかご》──朝廷《ちょうてい》は
長州藩主《ちょうしゅうはんしゅ》の毛利敬親《もうりたかちか》・広封《ひろあつ》
父子《ふし》の官位《かんい》を剥奪《はくだつ》した上《うえ》で
長州藩《ちょうしゅうはん》を朝敵《ちょうてき》と定《さだ》め
御用
孝明天皇《こうめいてんのう》から勅命《ちょくめい》を
受《う》けた幕府《ばくふ》は
諸藩《しょはん》に長州征討《ちょうしゅうせいとう》を命《めい》じた
京都《きょうと》・二条大橋《にじょうおおはし》
今頃《いまごろ》 長州《ちょうしゅう》では
幕府恭順派《ばくふきょうじゅんは》が藩《はん》を
動《うご》かしているだろう
!!
だが……もっと
京《きょう》での情報《じょうほう》が欲《ほ》しい
このまま長州《ちょうしゅう》に
帰《かえ》るわけには……
うちどす
小五郎《こごろう》はん

二条大橋《にじょうおおはし》…現在《げんざい》の京都府京都市《きょうとふきょうとし》を流《なが》れる鴨川《かもがわ》にかかる橋《はし》。

恭順《きょうじゅん》…つつしんで服従《ふくじゅう》する姿勢《しせい》。

三本木《さんぼんぎ》…現在《げんざい》の京都府《きょうとふ》京都市《きょうとし》上京区《かみぎょうく》上之町《かみのちょう》・中之町《なかのちょう》・南町《みなみちょう》。東三本木通《ひがしさんぼんぎどお》り周辺《しゅうへん》。

芸妓《げいぎ》…宴席《えんせき》にて歌《うた》や踊《おど》りで客《きゃく》をもてなす女性《じょせい》。芸者《げいしゃ》。

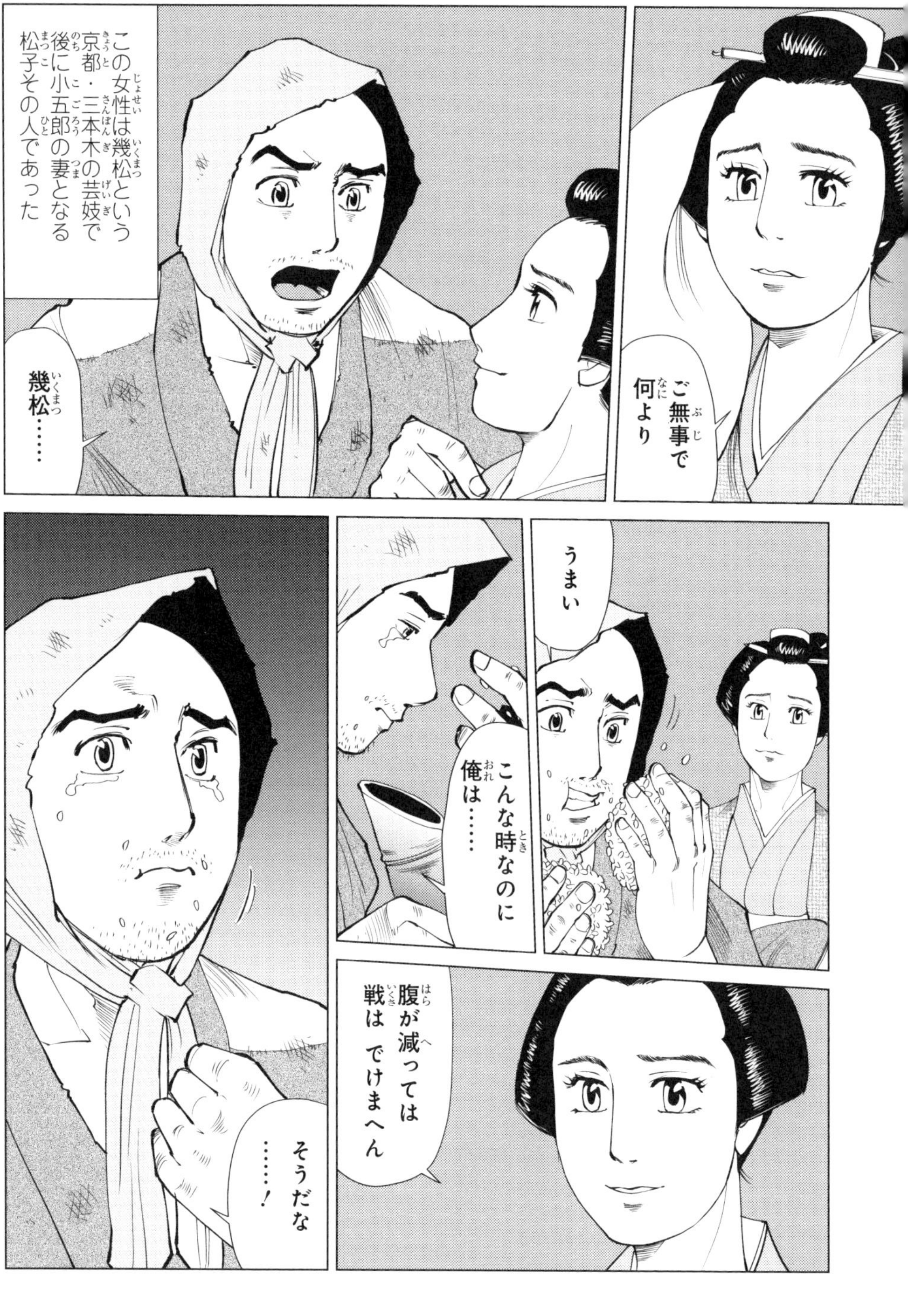
ご無事《ぶじ》で何《なに》より
この女性《じょせい》は幾松《いくまつ》という京都《きょうと》・三本木《さんぼんぎ》の芸妓《げいぎ》で後《のち》に小五郎《こごろう》の妻《つま》となる松子《まつこ》その人《ひと》であった
幾松《いくまつ》……
うまい
こんな時《とき》なのに俺《おれ》は……
腹《はら》が減《へ》っては戦《いくさ》は でけまへん
そうだな……!

元治元《げんじがん》(1864)年《ねん》八月《がつ》 長州藩《ちょうしゅうはん》は
イギリス・フランス・オランダ・アメリカの
四国連合艦隊《しこくれんごうかんたい》による下関砲撃《しものせきほうげき》で惨敗《ざんぱい》——
ドーン
ドーン
高杉晋作《たかすぎしんさく》の拘禁《こうきん》を解《と》き
四か国《こく》との講和《こうわ》にあたらせた
高杉《たかすぎ》は巨額《きょがく》の賠償金《ばいしょうきん》を
攘夷命令《じょういめいれい》を出《だ》した
幕府《ばくふ》に請求《せいきゅう》するよう
四か国《こく》を説《と》き伏《ふ》せた
同年《どうねん》九月《がつ》二十五日《にち》
小五郎《こごろう》の理解者《りかいしゃ》だった周布政之助《すふまさのすけ》が
禁門《きんもん》の変《へん》と下関砲撃事件《しものせきほうげきじけん》敗北《はいぼく》の責任《せきにん》をとり
自刃《じじん》——享年《きょうねん》四十二
桂《かつら》 あとは頼《たの》む！
幕府《ばくふ》の長州征討《ちょうしゅうせいとう》が迫《せま》る中《なか》
尊攘改革派《そんじょうかいかくは》(正義党《せいぎとう》)に代《か》わって
長州藩《ちょうしゅうはん》の実権《じっけん》を握《にぎ》ったのは
幕府恭順派《ばくふきょうじゅんは》(俗論党《ぞくろんとう》)であった
幕府《ばくふ》に仇《あだ》なす正義党《せいぎとう》を 長州《ちょうしゅう》から駆逐《くちく》せよ！
俗論党《ぞくろんとう》・筆頭《ひっとう》
椋梨藤太《むくなしとうた》

同年《どうねん》十一月《がつ》
俗論党《ぞくろんとう》は三家老《かろう》を切腹《せっぷく》させ
さらに四参謀《さんぼう》を斬首《ざんしゅ》して
幕府《ばくふ》への謝罪《しゃざい》と恭順《きょうじゅん》を示《しめ》した
この俗論党《ぞくろんとう》の粛清《しゅくせい》により
幕府《ばくふ》の長州征討《ちょうしゅうせいとう》は中止《ちゅうし》されたが
長州藩《ちょうしゅうはん》は大混乱《だいこんらん》に陥《おちい》った
改革派《かいかくは》の高杉晋作《たかすぎしんさく》は
身《み》の危険《きけん》を感《かん》じて一時《いちじ》
福岡《ふくおか》に潜伏《せんぷく》していた
皆《みな》 散《ち》り散《ぢ》りになったな……桂《かつら》さん どうなったんだろう
ええい！ このままでは俺《おれ》たちの故郷《ふるさと》・長州《ちょうしゅう》が本当《ほんとう》になくなってしまうぞ！
クワァァァァッ
同年《どうねん》十二月《がつ》
下関《しものせき》に戻《もど》った高杉晋作《たかすぎしんさく》や伊藤俊輔《いとうしゅんすけ》ら
松下村塾《しょうかそんじゅく》の門下生《もんかせい》たちが
長州藩《ちょうしゅうはん》の奉行所《ぶぎょうしょ》を襲《おそ》い 藩《はん》の軍艦《ぐんかん》を奪《うば》う

この高杉晋作《たかすぎしんさく》のクーデター（功山寺《こうざんじ》の挙兵《きょへい》）が成功《せいこう》し長州藩《ちょうしゅうはん》は俗論党《ぞくろんとう》に代《か》わって再《ふたた》び正義党《せいぎとう》が主導権《しゅどうけん》を握《にぎ》る
いずれまた幕府《ばくふ》は長州《ちょうしゅう》に攻《せ》め込《こ》んでくるだろう
急《いそ》ぎ藩《はん》を立《た》て直《なお》さねばならぬが……頼《たの》みの周布《すふ》さんは亡《な》くなり桂《かつら》さんも……
こんな時《とき》に桂《かつら》さんがいてくれたらな……
あのぅ……桂《かつら》さんなら生《い》きているみたいですよ
おい！ウソじゃねぇだろうな伊藤《いとう》！
それで桂《かつら》さんは今《いま》どこに？
落《お》ち着《つ》いてください高杉《たかすぎ》さん！

小五郎《こごろう》は京都《きょうと》を脱出《だっしゅつ》した後《あと》
但馬《たじま》の出石《いずし》で名《な》を変《か》えて潜伏《せんぷく》していた
へぇー 長州人《ちょうしゅうじん》が
この出石《いずし》にねぇ
いやあ
心当《こころあ》たり
おまへんな
怪《あや》しい奴《やつ》を見《み》たら
番所《ばんしょ》まで
知《し》らせてくれ
へい
まいど
おおきに
ふっ……幕府《ばくふ》の追手《おって》も
よもや桂小五郎《かつらこごろう》が商人《しょうにん》に
なりすましているとは
思《おも》うまいよ

但馬《たじま》…現在《げんざい》の兵庫県北部《ひょうごけんほくぶ》。
出石《いずし》…現在《げんざい》の兵庫県豊岡市出石町《ひょうごけんとよおかしいずしちょう》。

元治《げんじ》二(1865)年《ねん》二月《がつ》 山口《やまぐち》・長州藩庁《ちょうしゅうはんちょう》
幕府軍《ばくふぐん》は遅《おそ》かれ早《はや》かれ この長州《ちょうしゅう》に今度《こんど》こそ 攻《せ》め込《こ》んできます！
その前《まえ》に藩政改革《はんせいかいかく》が 急務《きゅうむ》となりますが これを指揮《しき》できる者《もの》が おりませんで……
桂《かつら》は どうじゃ
殿《との》 もう桂《かつら》は この世《よ》には……
桂《かつら》どのは 生《い》きております
なんと？ またしても 逃《に》げおおせたか！
〝逃《に》げの小五郎《こごろう》〟よの！
呼《よ》び戻《もど》しても 構《かま》いませぬか？

もちろんじゃ
早《はよ》う
そうせい！
はっ！
同年《どうねん》三月二日《がつふつか》
下関《しものせき》に滞在《たいざい》していた幾松《いくまつ》は
藩命《はんめい》をおびて出石《いずし》まで小五郎《こごろう》を
迎《むか》えに行《い》くこととなり――
小五郎《こごろう》はん……
幾松《いくまつ》！
八か月《げつ》あまりに及《およ》ぶ
小五郎《こごろう》の逃亡生活《とうぼうせいかつ》に
ようやく終止符《しゅうしふ》が
打《う》たれたのである

第《だい》四章《しょう》　朝敵《ちょうてき》から日本《にほん》の舵取《かじと》りへ

慶応元《けいおうがん》（1865）年《ねん》四月《がつ》二十六日《にち》
小五郎《こごろう》は下関《しものせき》で
伊藤春輔《いとうしゅんすけ》（俊輔改《しゅんすけあらた》め）と再会《さいかい》し——
五月十四日《がつじゅうよっか》には
山口《やまぐち》の長州藩庁《ちょうしゅうはんちょう》で
藩主《はんしゅ》・毛利敬親《もうりたかちか》に面会《めんかい》し
その後《ご》　藩《はん》の要職《ようしょく》である
政事堂用掛《せいじどうようがかり》に就任《しゅうにん》した
早速《さっそく》だが桂《かつら》の考《かんが》えを聞《き》きたい
はっ
再《ふたた》び攻《せ》めてくる幕府軍《ばくふぐん》を迎《むか》え撃《う》つため
まずは藩内《はんない》を一《ひと》つにまとめねばなりませぬ

政事堂《せいじどう》…幕末《ばくまつ》に長州藩《ちょうしゅうはん》が幕府《ばくふ》に無断《むだん》で萩《はぎ》から山口《やまぐち》に移《うつ》した藩庁《はんちょう》。山口城《やまぐちじょう》とも。政事堂用掛《せいじどうようがかり》（内用掛《ないようがかり》とも）は、藩庁《はんちょう》の責任者《せきにんしゃ》。

軍制改革《ぐんせいかいかく》は
西洋式《せいようしき》に詳《くわ》しい
この大村益次郎《おおむらますじろう》に
任《まか》せます
大村《おおむら》は高杉晋作《たかすぎしんさく》が組織《そしき》した民兵部隊《みんぺいぶたい》の奇兵隊《きへいたい》を訓練《くんれん》し 後年《こうねん》 長州軍《ちょうしゅうぐん》に奇跡的《きせきてき》な勝利《しょうり》をもたらす近代的《きんだいてき》な軍略家《ぐんりゃくか》であった
長州藩士《ちょうしゅうはんし》 大村益次郎《おおむらますじろう》
うむ そうせい
朝敵《ちょうてき》の汚名《おめい》だけは なんとしても そそがねばならぬ
我《われ》らと共《とも》に幕府《ばくふ》と 戦《たたか》ってくれる 強《つよ》い味方《みかた》がいれば よいのですが……

桂《かつら》よ 頼《たよ》りにして おるぞ
ははあ!
──とはいうものの 今《いま》や長州《ちょうしゅう》は四面楚歌《しめんそか》
志《こころざし》を同《おな》じくする 雄藩《ゆうはん》と手《て》を組《く》みたいのは やまやまだが……
さて どうしたものか

朝敵《ちょうてき》…朝廷《ちょうてい》や天皇《てんのう》にそむく敵《てき》。

四面楚歌《しめんそか》…周《まわ》りが敵《てき》ばかりのこと。紀元前《きげんぜん》7～紀元前《きげんぜん》3世紀《せいき》の中国《ちゅうごく》にあった国《くに》の一《ひと》つ「楚《そ》」の故事《こじ》による。

雄藩《ゆうはん》…勢力《せいりょく》の強《つよ》い藩《はん》。

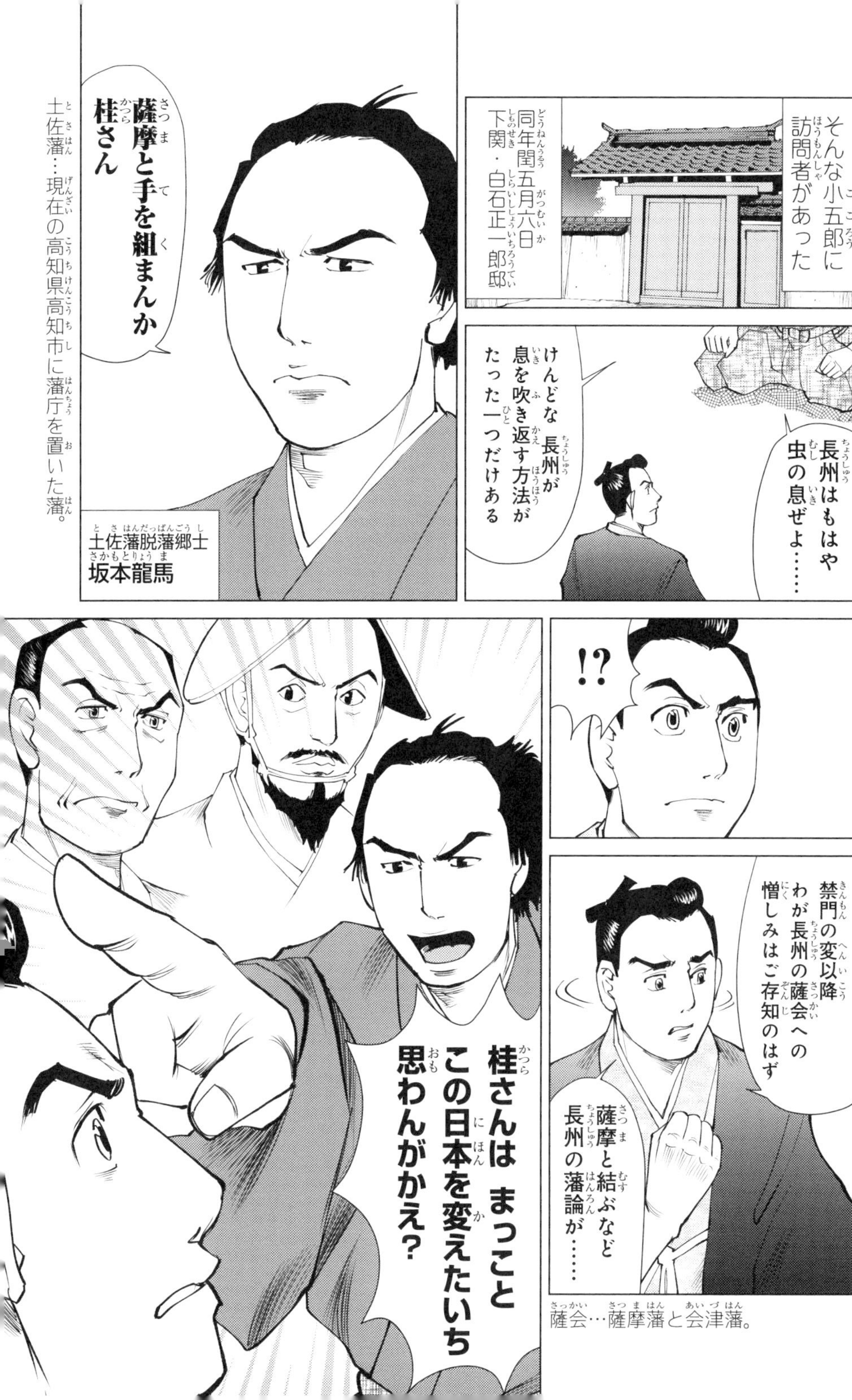
そんな小五郎《こごろう》に訪問者《ほうもんしゃ》があった
同年閏《どうねんうるう》五月六日《がつむいか》 下関《しものせき》・白石正一郎邸《しらいししょういちろうてい》
長州《ちょうしゅう》はもはや虫《むし》の息《いき》ぜよ……
けんどな 長州《ちょうしゅう》が息《いき》を吹《ふ》き返《かえ》す方法《ほうほう》がたった一《ひと》つだけある
薩摩《さつま》と手《て》を組《く》まんか桂《かつら》さん
土佐藩脱藩郷士《とさはんだっぱんごうし》 坂本龍馬《さかもとりょうま》
!?
禁門《きんもん》の変以降《へんいこう》 わが長州《ちょうしゅう》の薩会《さっかい》への憎《にく》しみはご存知《ぞんじ》のはず
薩摩《さつま》と結《むす》ぶなど長州《ちょうしゅう》の藩論《はんろん》が……
桂《かつら》さんは まっことこの日本《にほん》を変《か》えたいち思《おも》わんがかえ?

白石正一郎《しらいししょういちろう》…下関《しものせき》の豪商《ごうしょう》。坂本龍馬《さかもとりょうま》や西郷吉之助《さいごうきちのすけ》（隆盛《たかもり》）と親交《しんこう》があり、高杉晋作《たかすぎしんさく》らを資金面《しきんめん》で援助《えんじょ》した。

土佐藩《とさはん》…現在《げんざい》の高知県高知市《こうちけんこうちし》に藩庁《はんちょう》を置《お》いた藩《はん》。

薩会《さっかい》…薩摩藩《さつまはん》と会津藩《あいづはん》。

――それは……
わかりました そこまで言《い》うなら 話《はなし》を聞《き》きましょう
よっしゃ! 薩摩《さつま》の西郷《さいごう》さんを 連《つ》れてくるき
二週間後《しゅうかんご》――
西郷《さいごう》さんが 来《こ》ない?
どういう ことです! 坂本君《さかもとくん》
なんでも至急《しきゅう》 上京《じょうきょう》せねばならん 用《よう》が入《はい》ったようじゃ まっことすまん!
薩摩《さつま》がそのつもりならば 長州一藩《ちょうしゅういっぱん》で 幕府《ばくふ》と戦《たたか》うまで!
ちょ…… ちょっと桂《かつら》さん そりゃいかん! わしに できることなら なんでもするきに

なんでも？
では一つ《ひと》頼《たの》まれてはくれまいかな
な　なんぜよ？
朝敵《ちょうてき》となったわが藩《はん》は幕府《ばくふ》が武器《ぶき》の売買《ばいばい》を禁《きん》じたため欧米列強《おうべいれっきょう》から武器《ぶき》を買《か》うことができない
幕府《ばくふ》と戦《いくさ》をするには西洋《せいよう》の最新式《さいしんしき》の武器《ぶき》がどうしても必要《ひつよう》なんだ
そこで君《きみ》の亀山社中《かめやましゃちゅう》に――
わかった！長州《ちょうしゅう》の代《か》わりにわしらが武器《ぶき》を買《こ》うちゃる
薩摩名義《さつまめいぎ》で！
薩摩名義《さつまめいぎ》？
おお
なるほど！それなら長州《ちょうしゅう》からは兵糧《ひょうろう》を調達《ちょうたつ》しようじゃないか
そいつはありがたい！

亀山社中《かめやましゃちゅう》…坂本龍馬《さかもとりょうま》が薩摩藩《さつまはん》の援助《えんじょ》で長崎《ながさき》の亀山《かめやま》（現在《げんざい》の長崎市伊良林《ながさきしいらばやし》）に結成《けっせい》し、物資輸送《ぶっしゆそう》とともに航海訓練《こうかいくんれん》を行《おこな》った集団《しゅうだん》。

兵糧《ひょうろう》…戦時《せんじ》の軍隊《ぐんたい》の食糧《しょくりょう》。

こうして薩摩名義《さつまめいぎ》で長州《ちょうしゅう》に武器《ぶき》が届《とど》き——
米《こめ》が不足《ふそく》している薩摩《さつま》が泣《な》いて喜《よろこ》ぶがじゃ！
長州《ちょうしゅう》からは兵糧不足《ひょうろうぶそく》の薩摩《さつま》に米《こめ》が運《はこ》び込《こ》まれた
同年《どうねん》九月《がつ》 桂小五郎《かつらこごろう》は幕府《ばくふ》の追及《ついきゅう》を逃《のが》れるため木戸貫治《きどかんじ》を名乗《なの》るようになる
同年《どうねん》十二月《がつ》 山口《やまぐち》・長州藩庁《ちょうしゅうはんちょう》
幕府《ばくふ》が再《ふたた》び長州征討《ちょうしゅうせいとう》の勅許《ちょっきょ》を得《え》たそうじゃ
その方《ほう》 急《いそ》ぎ上洛《じょうらく》し薩摩藩《さつまはん》と交渉《こうしょう》して参《まい》れ
長州《ちょうしゅう》の行《ゆ》く末《すえ》はその方《ほう》の双肩《そうけん》にかかっておる
ははぁ

木戸貫治《きどかんじ》…翌慶応《よくけいおう》二（1866）年に木戸準一郎《きどじゅんいちろう》に、さらに慶応《けいおう》四（1868）年には木戸孝允《きどたかよし》に改名《かいめい》する。

慶応《けいおう》二(1866)年《ねん》正月《しょうがつ》二十日《はつか》
京都《きょうと》 薩摩藩《さつまはん》家老《かろう》・小松帯刀《こまつたてわき》邸《てい》
だが……どうやって薩摩《さつま》に言《い》い出《だ》せば
木戸《きど》さん!
薩摩《さつま》との盟約《めいやく》は?
いや……
それがまだ
がばっ
何《なに》をしゆうが?
第二次《だいにじ》長州征討《ちょうしゅうせいとう》は迫《せも》うちょるぜよ
長州《ちょうしゅう》から話《はなし》を切《き》り出《だ》さんでどうするがじゃ
わかっている
だが……今《いま》の長州《ちょうしゅう》は天下《てんか》ことごとくが敵《てき》

幕府軍《ばくふぐん》が四境《しきょう》に迫《せま》れば わが藩《はん》は玉砕覚悟《ぎょくさいかくご》で 当《あ》たるつもりだが……
そのような状況《じょうきょう》にある我々《われわれ》が 薩摩《さつま》に同盟《どうめい》を申《もう》し込《こ》めば 彼《かれ》らを死地《しち》に 誘《さそ》うようなものではないか
そうなれば 長州男児《ちょうしゅうだんじ》の 面目《めんぼく》を失《うしな》う
なんでそれを 西郷《さいごう》さんに 言《い》わんがじゃ
わが藩《はん》もむざむざ 敗《やぶ》れはせんよ 坂本君《さかもとくん》
幕府軍《ばくふぐん》に致命傷《ちめいしょう》を 与《あた》えてあとは 薩摩《さつま》に 望《のぞ》みを託《たく》すつもりだ
日本《ひのもと》が一《ひと》つになるためならば この世《よ》から長州藩《ちょうしゅうはん》が消《き》えても 構《かま》わない——
私《わたし》はそう考《かんが》えている

四境《しきょう》…長州藩《ちょうしゅうはん》の四《よっ》つの国境《くにざかい》。大島口《おおしまぐち》、芸州口《げいしゅうぐち》、石州口《せきしゅうぐち》、小倉口《こくらぐち》。

玉砕《ぎょくさい》…玉《たま》のように美《うつく》しく砕《くだ》け散《ち》ること。潔《いさぎよ》く死《し》ぬことの例《たと》え。

大番頭《おおばんがしら》…幕府《ばくふ》や藩《はん》の警備《けいび》を行《おこな》う役職《やくしょく》の長《ちょう》。
木戸《きど》さん……おまん そこまで
………
どうやら長州《ちょうしゅう》の覚悟《かくご》は本物《ほんもの》やっど 西郷《せご》どん
そうでもすなァ 薩摩《さつま》も一《ひと》つ 存亡《そんぼう》を懸《か》けもすか
薩摩藩《さつまはん》・家老《かろう》 小松帯刀《こまつたてわき》
薩摩藩《さつまはん》・大番頭《おおばんがしら》 西郷吉之助《さいごうきちのすけ》（隆盛《たかもり》）
その翌日《よくじつ》 小松帯刀邸《こまつたてわきてい》にて——
薩長同盟《さっちょうどうめい》が成立《せいりつ》した

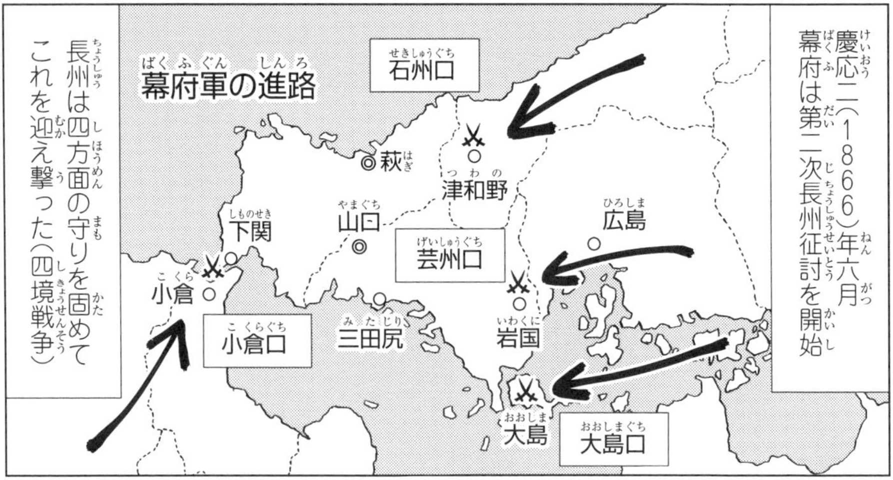
慶応《けいおう》二(1866)年《ねん》六月《がつ》
幕府《ばくふ》は第《だい》二次長州征討《じちょうしゅうせいとう》を開始《かいし》
幕府軍《ばくふぐん》の進路《しんろ》
石州口《せきしゅうぐち》
萩《はぎ》
津和野《つわの》
広島《ひろしま》
山口《やまぐち》
下関《しものせき》
芸州口《げいしゅうぐち》
小倉《こくら》
小倉口《こくらぐち》
三田尻《みたじり》
岩国《いわくに》
大島《おおしま》
大島口《おおしまぐち》
長州《ちょうしゅう》は四方面《しほうめん》の守《まも》りを固《かた》めてこれを迎《むか》え撃《う》った(四境戦争《しきょうせんそう》)

ババババッ
石州口《せきしゅうぐち》では大村益次郎《おおむらますじろう》率《ひき》いる陸戦隊《りくせんたい》が最新《さいしん》のミニエー銃《じゅう》と大村《おおむら》の緻密《ちみつ》な戦略《せんりゃく》で損害《そんがい》を最小限《さいしょうげん》に抑《おさ》えつつ幕府軍《ばくふぐん》を撃破《げきは》――
とことんやれ!
ドーン
ドドーン
また小倉口《こくらぐち》では高杉晋作《たかすぎしんさく》率《ひき》いる長州艦隊《ちょうしゅうかんたい》が関門海峡《かんもんかいきょう》を渡《わた》り奇兵隊《きへいたい》ら精鋭《せいえい》千人《せんにん》が幕府軍《ばくふぐん》二万《まん》を相手《あいて》に奮戦《ふんせん》した
砲撃《ほうげき》!

ミニエー銃《じゅう》…弾薬《だんやく》の装填《そうてん》が容易《ようい》で、射程《しゃてい》が長《なが》く命中率《めいちゅうりつ》が高《たか》いライフル銃《じゅう》。

幕府軍《ばくふぐん》は薩摩藩《さつまはん》の支援《しえん》を受《う》けた
長州軍《ちょうしゅうぐん》の前《まえ》に敗北《はいぼく》を重《かさ》ねた
この第《だい》二次《じ》長州征討《ちょうしゅうせいとう》は
十四代将軍《だいしょうぐん》・家茂《いえもち》の急死《きゅうし》もあり
八月《がつ》に休戦《きゅうせん》となったが――
みんな……
やったぞ！
幕府軍《ばくふぐん》に
勝《か》ったんだ
結果《けっか》は長州《ちょうしゅう》の
歴史的勝利《れきしてきしょうり》だった
慶応《けいおう》三（1867）年《ねん》四月《がつ》
高杉晋作《たかすぎしんさく》が療養先《りょうようさき》の下関《しものせき》で病没《びょうぼつ》
「おもしろき こともなき世《よ》を おもしろく」……
高杉君《たかすぎくん》が？
三年前《ねんまえ》には
佐久間象山先生《さくましょうざんせんせい》も
亡《な》くなられた……
志半《こころざしなか》ばで さぞや
無念《むねん》だろう……！

その年《とし》の十月《がつ》
十五代将軍《だいしょうぐん》・徳川慶喜《とくがわよしのぶ》は
大政奉還《たいせいほうかん》を行《おこな》うが――
徳川家《とくがわけ》はいまだ
政治《せいじ》の実権《じっけん》を
握《にぎ》っていた
十一月《がつ》 薩摩《さつま》の西郷吉之助《さいごうきちのすけ》は
藩主《はんしゅ》・島津茂久《しまづもちひさ》(忠義《ただよし》)を奉《ほう》じ
三千《ぜん》の兵《へい》を率《ひき》いて上洛《じょうらく》――
途中《とちゅう》 防府《ほうふ》・三田尻《みたじり》で木戸《きど》と会見《かいけん》
坂本龍馬《さかもとりょうま》の訃報《ふほう》に触《ふ》れた
龍馬《りょうま》どんが暗殺《あんさつ》された?
ああ……残念《ざんねん》でならんよ 西郷《さいごう》さん
だが俺《おれ》たちは まだまだ くたばる わけにはいかん

大政奉還《たいせいほうかん》…政治《せいじ》を行《おこな》う権利《けんり》を朝廷《ちょうてい》に返《かえ》すこと。
防府《ほうふ》…現在《げんざい》の山口県防府市《やまぐちけんほうふし》。

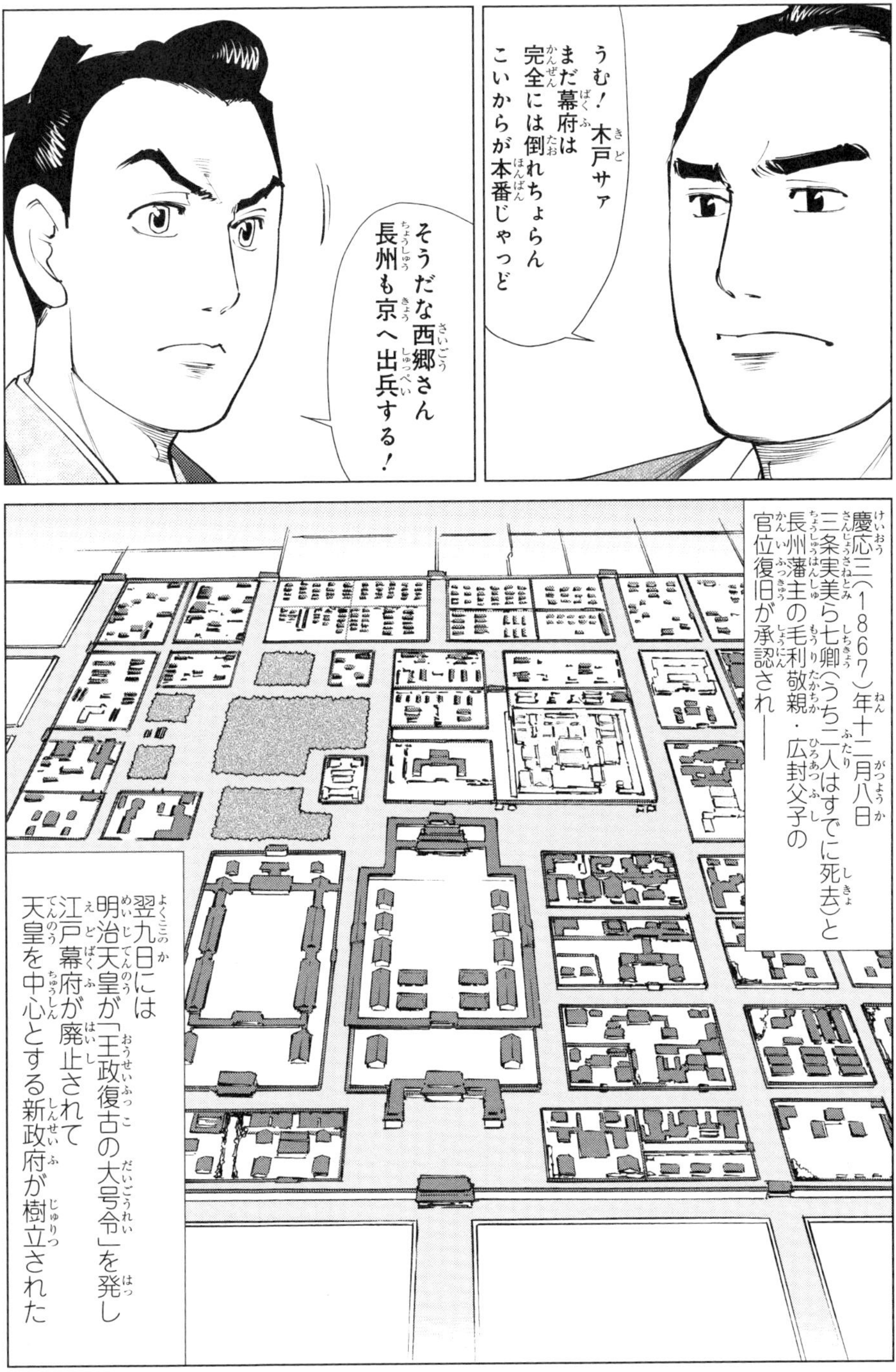
うむ！木戸《きど》サァ
まだ幕府《ばくふ》は
完全《かんぜん》には倒《たお》れちょらん
こいからが本番《ほんばん》じゃっど
そうだな西郷《さいごう》さん
長州《ちょうしゅう》も京《きょう》へ出兵《しゅっぺい》する！
慶応《けいおう》三(1867)年《ねん》十二月八日《がつようか》
三条実美《さんじょうさねとみ》ら七卿《しちきょう》(うち二人《ふたり》はすでに死去《しきょ》)と
長州藩主《ちょうしゅうはんしゅ》の毛利敬親《もうりたかちか》・広封《ひろあつ》父子《ふし》の
官位復旧《かんいふっきゅう》が承認《しょうにん》され――
翌九日《よくここのか》には
明治天皇《めいじてんのう》が「王政復古《おうせいふっこ》の大号令《だいごうれい》」を発《はっ》し
江戸幕府《えどばくふ》が廃止《はいし》されて
天皇《てんのう》を中心《ちゅうしん》とする新政府《しんせいふ》が樹立《じゅりつ》された

王政復古《おうせいふっこ》…幕府制度《ばくふせいど》を廃止《はいし》し、政権《せいけん》を朝廷《ちょうてい》に戻《もど》すこと。

第五章《だいしょう》　希望《きぼう》の道《みち》

旧幕府軍《きゅうばくふぐん》と新政府軍《しんせいふぐん》が戦《たたか》った
鳥羽《とば》・伏見《ふしみ》の戦《たたか》いの後《あと》——
慶応《けいおう》四（1868）年正月《ねんしょうがつ》二十一日《にち》
木戸孝允《きどたかよし》は京都《きょうと》に入《はい》った
そして同年《どうねん》
木戸《きど》は総裁局顧問《そうさいきょくこもん》に選任《せんにん》され
新政府《しんせいふ》の舵取《かじと》りを任《まか》される
できることなら
みんなで ここに
立《た》ちたかった

鳥羽《とば》・伏見《ふしみ》の戦《たたか》い…王政復古《おうせいふっこ》の大号令《だいごうれい》で徳川慶喜《とくがわよしのぶ》の官職《かんしょく》と領地《りょうち》の返上《へんじょう》が命《めい》じられ、それに反発《はんぱつ》した旧幕府側《きゅうばくふがわ》が新政府《しんせいふ》に対《たい》して、慶応《けいおう》四（1868）年正月三日《ねんしょうがつみっか》に現在《げんざい》の京都府京都市《きょうとふきょうとし》の鳥羽《とば》・伏見《ふしみ》で起《お》こした戦《たたか》い。翌明治《よくめいじ》二（1869）年《ねん》五月《がつ》まで続《つづ》く、戊辰戦争《ぼしんせんそう》の最初《さいしょ》の戦闘《せんとう》。

総裁局《そうさいきょく》…明治政府成立当初《めいじせいふせいりつとうしょ》の最高局《さいこうきょく》。総裁局顧問《そうさいきょくこもん》は総裁《そうさい》から相談《そうだん》を受《う》けて意見《いけん》を述《の》べる役《やく》。

同年《どうねん》三月《がつ》
京都御所《きょうとごしょ》
国是《こくぜ》について何《なに》か意見《いけん》は？
第一条《だいじょう》「列侯会議《れっこうかいぎ》ヲ興《おこ》シ」を「広《ひろ》ク会議《かいぎ》ヲ興《おこ》シ」に修正《しゅうせい》しましょう
確《たし》かに「列侯《れっこう》」とは旧来《きゅうらい》の大名《だいみょう》を指《さ》します 木戸《きど》はん ええとこに気《き》がつきましたな
議定《ぎじょう》
岩倉具視《いわくらともみ》
そうでおじゃるな より広《ひろ》く万民《ばんみん》から意見《いけん》を取《と》り入《い》れまひょ
議定《ぎじょう》
三条実美《さんじょうさねとみ》
それとももう一《ひと》つ 国是《こくぜ》を権威《けんい》づけるため――
天子様《てんしさま》ご自身《じしん》が天地神明《てんちしんめい》に誓《ちか》う儀式《ぎしき》を行《おこな》い 内外《ないがい》に示《しめ》すようにしてはいかがでしょう
おお！それは名案《めいあん》じゃ

国是《こくぜ》…国《くに》の基本方針《きほんほうしん》。議定《ぎじょう》…新政府《しんせいふ》の官職《かんしょく》「三職《さんしょく》」の一《ひと》つ。皇族《こうぞく》・公卿《くぎょう》・藩主《はんしゅ》から任命《にんめい》された。天地神明《てんちしんめい》…天地《てんち》のすべての神々《かみがみ》。

同年《どうねん》三月十四日《がつじゅうよっか》
明治天皇《めいじてんのう》は公卿《くぎょう》・諸侯《しょこう》以下《いか》百官《ひゃっかん》を率《ひき》いて
天神地祇《てんじんちぎ》を祀《まつ》り国是《こくぜ》五箇条《ごかじょう》を誓《ちか》った
（五箇条《ごかじょう》の御誓文《ごせいもん》の発布《はっぷ》）
明治天皇《めいじてんのう》

天神地祇《てんじんちぎ》…天《てん》の神《かみ》と地《ち》の神《かみ》。天地《てんち》のすべての神々《かみがみ》。

九月八日《がつようか》——年号《ねんごう》が明治《めいじ》に改元《かいげん》され
十月《がつ》には明治天皇《めいじてんのう》が江戸城《えどじょう》に入《はい》った

天皇《てんのう》を中心《ちゅうしん》とした新《あたら》しい
時代《じだい》の幕開《まくあ》けであった

やっと ここまで来《き》た

蝦夷地《えぞち》…現在《げんざい》の北海道《ほっかいどう》。

だが蝦夷地《えぞち》では こうしている間《あいだ》にも 旧幕府軍《きゅうばくふぐん》との戦《いくさ》が 続《つづ》いている
まだまだ やらねばならぬことは たくさんあるぞ……

山口《やまぐち》・長州藩庁《ちょうしゅうはんちょう》
藩《はん》をなくし領地《りょうち》の権益《けんえき》と軍事力《ぐんじりょく》を新政府《しんせいふ》がまとめて掌握《しょうあく》するとな？
はい！それしか欧米列強《おうべいれっきょう》からこの国《くに》を守《まも》る術《すべ》はございません……
日本《ひのもと》を一《ひと》つにするのじゃな？
ならば木戸《きど》よ
そうせい

肥前佐賀《ひぜんさが》…肥前佐賀藩《ひぜんさがはん》。現在《げんざい》の佐賀県佐賀市《さがけんさがし》に藩庁《はんちょう》を置《お》いた藩《はん》。鍋島藩《なべしまはん》とも。

上奏《じょうそう》…天皇《てんのう》に意見《いけん》などを申《もう》し上《あ》げること。

ポタ ポタ
ありがとう ございます
毛利敬親《もうりたかちか》は引退《いんたい》し 養子《ようし》の元徳《もとのり》(広封《ひろあつ》から改名《かいめい》)が知藩事《ちはんじ》として跡《あと》を継《つ》いだ
明治《めいじ》二(1869)年正月《ねんしょうがつ》薩摩《さつま》・長州《ちょうしゅう》・土佐《とさ》・肥前佐賀《ひぜんさが》の四藩主《はんしゅ》が連署《れんしょ》して版籍奉還《はんせきほうかん》の上奏《じょうそう》がなされた
この年《とし》 横井小楠《よこいしょうなん》や大村益次郎《おおむらますじろう》が相次《あいつ》いで凶刃《きょうじん》に倒《たお》れた
いずれも急進的改革《きゅうしんてきかいかく》に不満《ふまん》を持《も》った士族《しぞく》によるものである
まだ血《ち》が流《なが》れないと気《き》が済《す》まないというのか! 憎悪《ぞうお》の連鎖《れんさ》を断《た》ち切《き》らねば……

知藩事《ちはんじ》…藩《はん》が治《おさ》めていた土地《とち》と人民《じんみん》を天皇《てんのう》に返上《へんじょう》する版籍奉還《はんせきほうかん》の後《のち》、各藩主《かくはんしゅ》が任命《にんめい》された地方長官《ちほうちょうかん》。藩知事《はんちじ》。

士族《しぞく》…明治維新後《めいじいしんご》、旧武士階級《きゅうぶしかいきゅう》に与《あた》えられた身分《みぶん》。

明治三《めいじ》（1870）年正月《ねんしょうがつ》
大村益次郎《おおむらますじろう》暗殺《あんさつ》の原因《げんいん》ともなった
長州藩諸隊《ちょうしゅうはんしょたい》の解体《かいたい》に旧隊士《きゅうたいし》らの
不満《ふまん》が山口《やまぐち》で爆発《ばくはつ》――
ウオオオオォ
農民一揆《のうみんいっき》をも巻《ま》き込《こ》んだ
この大規模《だいきぼ》な暴動《ぼうどう》に対《たい》し
木戸《きど》は現地《げんち》に駆《か》けつけて
新政府軍《しんせいふぐん》の指揮《しき》をとった
木戸《きど》さんにやれるのか？
また逃《に》げるさ
反乱軍《はんらんぐん》はかつて
共《とも》に戦《たたか》った同志《どうし》たち
だからこそ
俺《おれ》がこの手《て》で
やらねばならんのだ
かかれ！
木戸《きど》はこの暴動《ぼうどう》において首謀者《しゅぼうしゃ》
二百《ひゃく》二十一人《にん》を処罰《しょばつ》するという
厳《きび》しい処断《しょだん》を下《くだ》す
ワァアアアッ
〝逃《に》げの小五郎《こごろう》〟は
今度《こんど》は逃《に》げもはん
どなぁ

皇城《こうじょう》…皇居《こうきょ》のこと。ここでは元《もと》・江戸城《えどじょう》を指《さ》す。

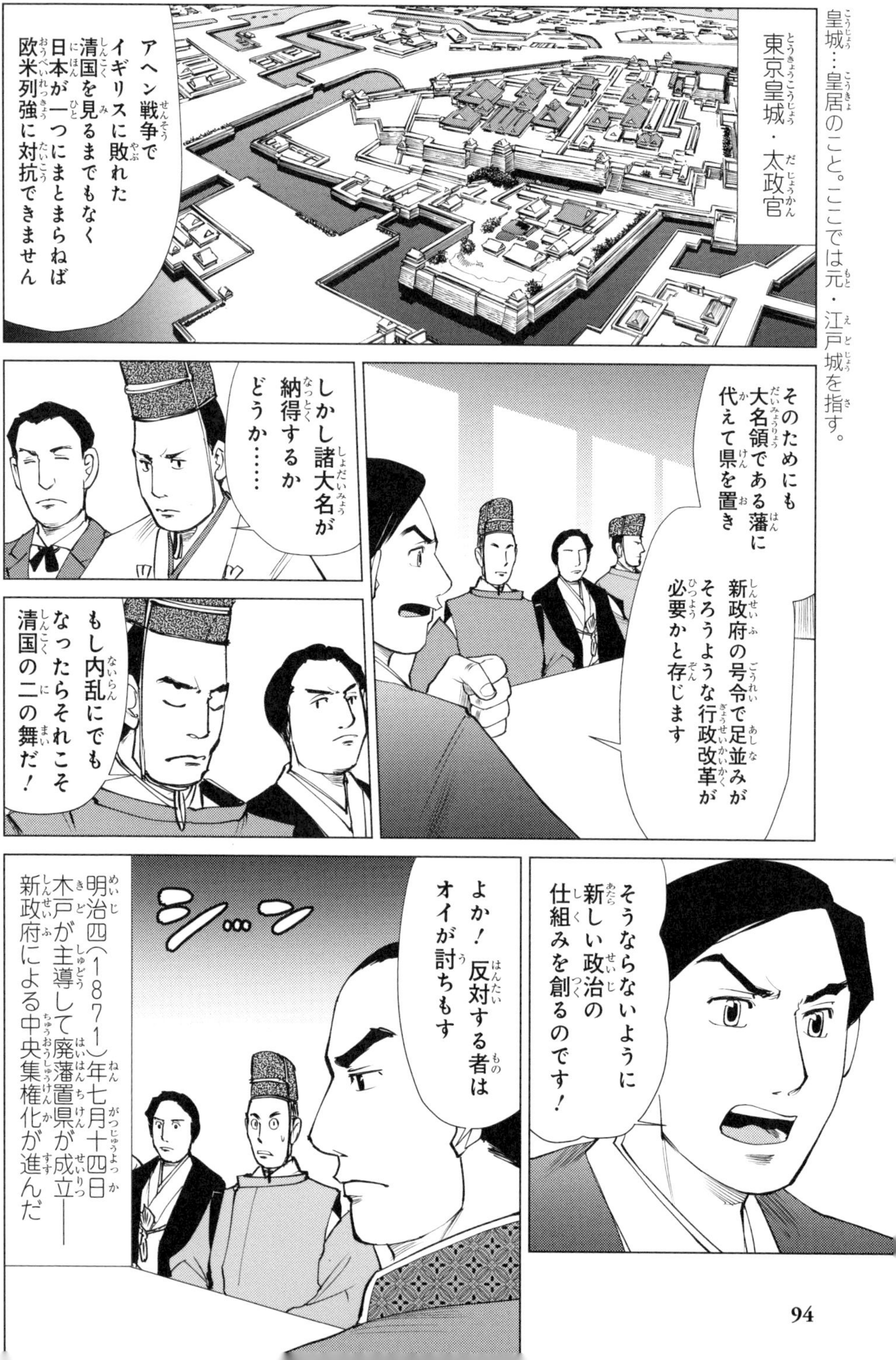
東京皇城《とうきょうこうじょう》・太政官《だじょうかん》
アヘン戦争《せんそう》で イギリスに敗《やぶ》れた 清国《しんこく》を見《み》るまでもなく 日本《にほん》が一《ひと》つにまとまらねば 欧米列強《おうべいれっきょう》に対抗《たいこう》できません
そのためにも 大名領《だいみょうりょう》である藩《はん》に 代《か》えて県《けん》を置《お》き
新政府《しんせいふ》の号令《ごうれい》で足並《あしな》みが そろうような行政改革《ぎょうせいかいかく》が 必要《ひつよう》かと存《ぞん》じます
しかし諸大名《しょだいみょう》が 納得《なっとく》するか どうか……
もし内乱《ないらん》にでも なったらそれこそ 清国《しんこく》の二《に》の舞《まい》だ!
そうならないように 新《あたら》しい政治《せいじ》の 仕組《しく》みを創《つく》るのです!
よか! 反対《はんたい》する者《もの》は オイが討《う》ちもす
シ…ン
明治《めいじ》四(1871)年《ねん》七月十四日《がつじゅうよっか》 木戸《きど》が主導《しゅどう》して廃藩置県《はいはんちけん》が成立《せいりつ》―― 新政府《しんせいふ》による中央集権化《ちゅうおうしゅうけんか》が進《すす》んだ

太政官《だじょうかん》…明治初年《めいじしょねん》に制定《せいてい》され、内閣制度《ないかくせいど》の設置《せっち》まで存続《そんぞく》した明治政府《めいじせいふ》の最高官庁《さいこうかんちょう》。

廃藩置県《はいはんちけん》…全国《ぜんこく》の藩《はん》を廃《はい》して府県《ふけん》に統一《とういつ》すること。

同《おな》じ年《とし》の十一月《がつ》
木戸《きど》は岩倉使節団《いわくらしせつだん》の副使《ふくし》として
横浜港《よこはまこう》を出港《しゅっこう》する
明治《めいじ》六（1873）年《ねん》三月《がつ》十五日《にち》
ドイツ・ベルリン
アメリカを経《へ》てヨーロッパ諸国《しょこく》を
視察《しさつ》した木戸《きど》が会見《かいけん》したのは——
もし　日本《にほん》が我《わ》が国《くに》を
手本《てほん》とするならば
優秀《ゆうしゅう》な人材《じんざい》を派遣《はけん》
しますぞ
ドイツ帝国宰相《ていこくさいしょう》
ビスマルク
いえ……お気持《きも》ちだけ
ありがたく頂戴《ちょうだい》します

長《なが》い間《あいだ》 日本《にほん》は国《くに》を鎖《とざ》してきましたが……
ようやくこの目《め》で欧米諸国《おうべいしょこく》の政治《せいじ》や文化《ぶんか》技術《ぎじゅつ》を見《み》て回《まわ》ることができました
大丈夫《だいじょうぶ》 日本《にほん》もすぐに追《お》いつきます あなた方《がた》 西洋《せいよう》に！
!!
私《わたし》は いつの日《ひ》にか日本《にほん》を――
世界中《せかいじゅう》からあらゆる戦《いくさ》をなくす国《くに》にしたいと考《かんが》えています

それは……
楽《たの》しみですな
明治《めいじ》六（1873）年《ねん》七月《がつ》
木戸《きど》は使節団本隊《しせつだんほんたい》よりも
一足先《ひとあしさき》に帰国《きこく》した
そこで木戸《きど》を
待《ま》ち構《かま》えていたのは――
大久保《おおくぼ》どん　いつになれば
朝鮮《ちょうせん》への特使《とくし》派遣《はけん》を
上奏《じょうそう》して頂《いただ》けるので
ごわすか
西郷《せご》どん
それは許可《きょか》できぬ
朝鮮《ちょうせん》は我《わ》が国《くに》に
不信感《ふしんかん》を抱《いだ》いている！
特使《とくし》を派遣《はけん》すれば
戦《いくさ》になりかねん
大久保利通《おおくぼとしみち》

朝鮮《ちょうせん》…現在《げんざい》の韓国《かんこく》と北朝鮮《きたちょうせん》。

特使《とくし》…特別《とくべつ》の任務《にんむ》を持《も》って外国《がいこく》に派遣《はけん》される使者《ししゃ》。

友好《ゆうこう》の使節《しせつ》派遣《はけん》が ないごて 戦《いくさ》になりもす？
こんウドメが 話《はな》し合《あ》いで決着《けっちゃく》させれば すむことでごわっそ！
西郷《さいごう》さん 新政府《しんせいふ》が樹立《じゅりつ》して まだ日《ひ》も浅《あさ》い
ロシアの南下政策《なんかせいさく》も 脅威《きょうい》だが……
今《いま》は内治《ないち》に専念《せんねん》して 日本《にほん》を一《ひと》つにすることだ
外交《がいこう》は国内《こくない》が平癒《へいゆ》した 後《あと》でもいいじゃないか
木戸《きど》さんの 言《い》うとおりだ
そいなら もうよか！
同年《どうねん》十月《がつ》 新政府《しんせいふ》は西郷隆盛《さいごうたかもり》の 朝鮮派遣《ちょうせんはけん》を無期延期《むきえんき》にした
この明治《めいじ》六年政変《ねんせいへん》（征韓論争《せいかんろんそう》）で 西郷《さいごう》や板垣退助《いたがきたいすけ》ら五人《にん》の参議《さんぎ》と 六百人《ろっぴゃくにん》の軍人《ぐんじん》・官僚《かんりょう》が辞職《じしょく》し―― 西郷《さいごう》は郷里《きょうり》・鹿児島《かごしま》へ帰《かえ》ってしまう

ないごて…鹿児島弁《かごしまべん》で「なぜ」の意《い》。

ウドメ…鹿児島弁《かごしまべん》で大《おお》きい目《め》のこと。目《め》がギョロリと大《おお》きかった西郷《さいごう》の愛称《あいしょう》。

新政府《しんせいふ》による急激《きゅうげき》な近代的改革《きんだいてきかいかく》は
その後《ご》も各地《かくち》で不平士族《ふへいしぞく》の反乱《はんらん》を
引《ひ》き起《お》こした
萩《はぎ》の乱《らん》
明治《めいじ》9(1876)年《ねん》
秋月《あきづき》の乱《らん》
明治《めいじ》9(1876)年《ねん》
佐賀《さが》の乱《らん》
明治《めいじ》7(1874)年《ねん》
神風連《しんぷうれん》の乱《らん》
明治《めいじ》9(1876)年《ねん》
そのため憲法制定《けんぽうせいてい》など
木戸《きど》の改革《かいかく》は滞《とどこお》り——
全国《ぜんこく》の不平不満《ふへいふまん》は
わかる……だが
こうしている間《あいだ》にも
欧米列強《おうべいれっきょう》に植民地化《しょくみんちか》を
狙《ねら》われているんだ
早《はや》く中央集権化《ちゅうおうしゅうけんか》を
成《な》し遂《と》げて一《ひと》つに
まとまらねば……
このままでは
とても世界《せかい》を救《すく》う
大国《たいこく》になど
日本《にほん》はなれぬ
やがて激動《げきどう》の維新《いしん》の中《なか》で
心身《しんしん》を摩滅《まめつ》させた木戸《きど》は
新政府《しんせいふ》から離《はな》れる
こんな時《とき》
大村《おおむら》さんが
いてくれたら……
この病《やまい》が癒《い》えたら
一緒《いっしょ》に旅《たび》をしよう
松子《まつこ》

君《きみ》にも西洋《せいよう》の美《うつく》しい風景《ふうけい》を見《み》せたいんだ
今《いま》はゆっくりお休《やす》みなされませ旦那《だんな》さま……
明治《めいじ》十(1877)年《ねん》一月《がつ》西郷《さいごう》は鹿児島《かごしま》の不平士族《ふへいしぞく》に担《かつ》がれ西南戦争《せいなんせんそう》を起《お》こす
ウォオオオオ

京都御所《きょうとごしょ》
薩軍《さつぐん》を 直《ただ》ちに 鎮圧《ちんあつ》すべし！
私《わたし》に行《い》かせて くれ！
木戸《きど》はん
止《と》められないなら 私《わたし》が西郷《さいごう》を討《う》つ！
ドォッ
うぅっ
ご病気《びょうき》なのに 無茶《むちゃ》しなはる！
医者《いしゃ》だ！ 医者《いしゃ》を呼《よ》べ
度重《たびかさ》なる政情不安《せいじょうふあん》に 木戸《きど》の体《からだ》は限界《げんかい》にきていた
大久保《おおくぼ》さん 戦《いくさ》は……

ぎゅっ
そう……ですか
サムライたちの不満《ふまん》をたった一人《ひとり》で清算《せいさん》するつもりか？
あんたならもっとうまくやれたはずだ
西郷《さいごう》よもう大抵《たいてい》にせんか
……！

明治《めいじ》十（1877）年《ねん》五月《がつ》二十六日《にち》
日本《にほん》の行《ゆ》く末《すえ》を案《あん》じながら
木戸孝允《きどたかよし》 永眠《えいみん》――四十五歳《さい》であった
西南戦争《せいなんせんそう》は西郷隆盛《さいごうたかもり》の自決《じけつ》で
ようやく終息《しゅうそく》したが――
翌明治十一《よくめいじ》（1878）年《ねん》
大久保利通《おおくぼとしみち》が不平士族《ふへいしぞく》の
兇刃《きょうじん》に倒《たお》れる
木戸《きど》・西郷《さいごう》・大久保《おおくぼ》の
「維新《いしん》の三傑《さんけつ》」はこうして
相次《あいつ》いでこの世《よ》を去《さ》った
〝逃《に》げの小五郎《こごろう》〟もついに病《やまい》からは逃《に》げられませんでしたな
いいえ 伊藤《いとう》はん あの人《ひと》は一度《ど》たりとも自分《じぶん》が逃《に》げたなんて思《おも》うてないでしょう
えっ？

人《ひと》には逃《に》げ道《みち》に見《み》えるその道《みち》も
木戸孝允《きどたかよし》にとっては
明日《あす》へとつながる「希望《きぼう》の道《みち》」
だったのではないか——
私《わたくし》には
そんな気《き》がして
ならないのです

木《き》戸《ど》孝允《たかよし》を知《し》るための
基《き》礎《そ》知《ち》識《しき》

解説《かいせつ》

加来耕三《かくこうぞう》

明治維新《めいじいしん》を推進《すいしん》した、長州藩《ちょうしゅうはん》（現《げん》・山口県《やまぐちけん》）の代表《だいひょう》は木戸孝允《きどたかよし》（前名《ぜんめい》・桂小五郎《かつらこごろう》、木戸準一郎《きどじゅんいちろう》）ということになっている。

なるほど彼《かれ》は、幕末《ばくまつ》の転換期《てんかんき》に薩長同盟《さっちょうどうめい》を締結《ていけつ》し、新政府《しんせいふ》においては世上《せじょう》がいまだ混乱《こんらん》する中《なか》で、廃藩置県《はいはんちけん》を断行《だんこう》した。その存在《そんざい》は疑《うたが》うべくもなかったが、桂小五郎時代《かつらこごろうじだい》の彼《かれ》には、同藩《どうはん》の吉田松陰《よしだしょういん》や高杉晋作《たかすぎしんさく》のような、強烈《きょうれつ》な個性《こせい》が感《かん》じられなかった。

そのため筆者《ひっしゃ》は、大佛次郎《おさらぎじろう》(1)の名作小説《めいさくしょうせつ》『鞍馬天狗《くらまてんぐ》』が大《だい》ヒットしたことで、桂《かつら》はひどく得《とく》をしてきたのではないか、と疑《うたが》ってきた。

なにしろ、右《みぎ》の物語《ものがたり》に登場《とうじょう》する桂《かつら》は、勤王志士《きんのうしし》(2)である天狗《てんぐ》の親友《しんゆう》として、正義《せいぎ》の志士《しし》の代表格《だいひょうかく》のように描《えが》かれていたからだ。

しかし史実《しじつ》の桂《かつら》は、藩《はん》の優秀《ゆうしゅう》な官僚《かんりょう》ではあったが、そもそも志士《しし》のイメージからは程遠《ほどとお》い人物《じんぶつ》であった。

確《たし》かに、剣《けん》の腕《うで》は立《た》つ。幕末《ばくまつ》、日本屈指《にほんくっし》の剣術道場《けんじゅつどうじょう》「練兵館《れんぺいかん》」（斎《さい》

(1)大佛次郎《おさらぎじろう》…明治《めいじ》三十（一八九七）～昭和《しょうわ》四十八（一九七三）年《ねん》。昭和時代《しょうわじだい》の人気小説家《にんきしょうせつか》。

(2)勤王《きんのう》…天皇《てんのう》に忠義《ちゅうぎ》を尽《つ》くすこと。尊王《そんのう》。

藤弥九郎主宰《とうやくろうしゅさい》）に学《まな》び、その塾頭《じゅくとう》にまで昇《のぼ》りつめている。それでいて桂《かつら》は、生涯《しょうがい》、一度《ど》も人《ひと》を斬《き》ったことがなかった。

一部《いちぶ》にこのことが、〝逃《に》げの小五郎《こごろう》〟という不名誉《ふめいよ》な仇名《あだな》と結《むす》びついたように思《おも》っている人《ひと》がいまもいるが、実《じつ》はそうではない。彼《かれ》は長州藩《ちょうしゅうはん》が遭遇《そうぐう》した大事件《だいじけん》のおり、いつもその姿《すがた》を消《け》していた。それを逃《に》げた、と陰口《かげぐち》をたたかれたのである。

天保《てんぽう》四（一八三三）年《ねん》六月《がつ》、桂《かつら》は長州藩《ちょうしゅうはん》三十六万《まん》九千石《せんごく》の藩医《はんい》・和田昌景《わだしょうけい》の長男《ちょうなん》に生《う》まれている。が、病弱《びょうじゃく》であったために、姉《あね》が婿養《むこよう》子《し》を取《と》り、桂自身《かつらじしん》は八歳《さい》のおり、隣家《りんか》で百《ひゃく》五十石《こく》取《ど》りの桂家《かつらけ》へ末期養《まつごよう》子《し》に入《はい》った。とはいっても、養父《ようふ》はすぐに亡《な》くなったことから、桂《かつら》は実《じっ》家《か》でそのまま、父《ちち》の経済力《けいざいりょく》に支《ささ》えられながら、比較的自由《ひかくてきじゆう》な家庭環境《かていかんきょう》の中《なか》で幼少期《ようしょうき》をすごしている。

その彼《かれ》の人生《じんせい》が、大《おお》きく動《うご》いたのは十七歳《さい》のおりであった。

この年《とし》、三歳年上《さいとしうえ》の吉田松陰《よしだしょういん》と出会《であ》ったことが、のちに長州藩内《ちょうしゅうはんない》で桂《かつら》が重《おも》きをなすことにつながっていく。

二十歳《はたち》で江戸《えど》へ剣術修行《けんじゅつしゅぎょう》に出《で》、翌年《よくねん》「練兵館《れんぺいかん》」の塾頭《じゅくとう》となった彼《かれ》の前《まえ》に、ペリーが黒船《くろふね》四艘《そう》を率《ひき》いて浦賀《うらが》へ来航《らいこう》してくる。日米和親条約《にちべいわしんじょうやく》が締結《ていけつ》され、つづいてハリスの登場《とうじょう》で日米修好通商条約《にちべいしゅうこうつうしょうじょうやく》が結《むす》ばれた。

日本国内《にほんこくない》は大混乱《だいこんらん》となり、大老《たいろう》・井伊直弼《いいなおすけ》は〝安政《あんせい》の大獄《たいごく》〟を強行《きょうこう》。このおり、桂《かつら》の師《し》とも友人《ゆうじん》ともいうべき松陰《しょういん》も処刑《しょけい》されてしまう。

そのため長州藩《ちょうしゅうはん》は、松陰門下《しょういんもんか》の松下村塾出身者《しょうかそんじゅくしゅっしんしゃ》を中心《ちゅうしん》に、やがて一藩狂躁《いっぱんきょうそう》(3)したように、尊王攘夷《そんのうじょうい》をかかげて幕府《ばくふ》と対立《たいりつ》する。大老井伊《い》が桜田門外《さくらだもんがい》で横死《おうし》(4)すると、京都《きょうと》の朝廷《ちょうてい》を擁《よう》(5)した尊王攘夷《そんのうじょうい》の志士《しし》たちが、長州藩《ちょうしゅうはん》のもとで幕府《ばくふ》を追《お》いつめて行《い》く。

文久《ぶんきゅう》三(一八六三)年《ねん》八月《がつ》、その反動《はんどう》で薩摩藩《さつまはん》と会津藩《あいづはん》の組《く》んだ八《はち》・一八《いちはち》のクーデター、それにつづく元治《げんじ》元(一八六四)年《ねん》六月《がつ》の池田屋騒動《いけだやそうどう》の制圧《せいあつ》、さらにはその一か月後《げつご》の禁門《きんもん》の変《へん》(蛤御門《はまぐりごもん》の変《へん》)によって、長州《ちょうしゅう》は完全《かんぜん》に京《きょう》を追《お》われ、ついには朝敵《ちょうてき》とされてしまう。

この間《かん》、江戸《えど》、京都《きょうと》と場所《ばしょ》を移《うつ》しながら、桂《かつら》は藩《はん》の官僚《かんりょう》として長州《ちょうしゅう》の生《い》き残《のこ》りを懸《か》け、勤王方《きんのうがた》の諸藩《しょはん》との連携《れんけい》に奔走《ほんそう》している。藩内《はんない》の過《か》

(3)狂躁《きょうそう》…狂《くる》ったような騒《さわ》ぎ。狂騒《きょうそう》。
(4)横死《おうし》…不慮《ふりょ》の災難《さいなん》で死《し》ぬこと。
(5)擁《よう》する…主人《しゅじん》としてもり立《た》てる。

激派《げきは》の手綱《たづな》を取《と》りながら、〝破約攘夷《はやくじょうい》〟――まずは幕府《ばくふ》が欧米列強《おうべいれっきょう》と結《むす》んだ条約《じょうやく》を破棄《はき》して、改《あらた》めて条約《じょうやく》を結《むす》び直《なお》す。その交渉《こうしょう》の中《なか》で戦争《せんそう》となれば受《う》けて立《た》つ、という実《じつ》にきわどい論法《ろんぽう》をもって、諸藩《しょはん》を説《と》き、一方《いっぽう》で藩政《はんせい》のバランス、舵取《かじと》りを試《こころ》みる。

しかし、高杉《たかすぎ》や久坂玄瑞《くさかげんずい》たち松下村塾出身者《しょうかそんじゅくしゅっしんしゃ》は、横浜襲撃《よこはましゅうげき》(これは失敗《しっぱい》)、品川御殿山《しながわごてんやま》の英国公使館《えいこくこうしかん》焼《や》き討《う》ち事件《じけん》などを引《ひ》き起《お》こしたり、むしろ暴発《ぼうはつ》の方向《ほうこう》へとむかう。

池田屋騒動《いけだやそうどう》のおり、桂《かつら》は現在《げんざい》の午後《ごご》八時頃《じごろ》に池田屋《いけだや》へ出向《でむ》いたが、人《ひと》の集《あつ》まりが悪《わる》く、出直《でなお》すべく近《ちか》くの対馬藩邸《つしまはんてい》(別邸《べってい》、長州藩主《ちょうしゅうはんしゅ》の遠戚《えんせき》)へ回《まわ》った、と『木戸孝允自叙《きどたかよしじじょ》』では述《の》べている。だが、同《おな》じ彼《かれ》の『木戸孝允言行録《きどたかよしげんこうろく》』では、池田屋《いけだや》からさほど遠《とお》くない、木屋町《きやまち》[6]辺《あた》りの知《し》り合《あ》いの老婆《ろうば》の家《いえ》で、一服《いっぷく》しながら同志《どうし》の集合《しゅうごう》を待《ま》っていた、と述懐《じゅっかい》していた。当夜《とうや》の御用改《ごようあらた》めの結果《けっか》をまとめた資料《しりょう》「浮浪之徒探索手扣《ふろうのとたんさくてひかえ》」(『蕘草年録《ゆうそうねんろく》』所収《しょしゅう》)には、桂《かつら》とおぼしき人物《じんぶつ》が四国屋《しこくや》[7]にほど近《ちか》い、三条木屋町《さんじょうきやまち》[8]にいたことが確認《かくにん》されている。

(6)木屋町《きやまち》…現在《げんざい》の京都府京都市《きょうとふきょうとし》を、南北《なんぼく》に流《なが》れる高瀬川《たかせがわ》沿《ぞ》いの、木屋町通《きやまちどお》り周辺《しゅうへん》。

(7)四国屋《しこくや》…現在《げんざい》の京都府京都市中京区《きょうとふきょうとしなかぎょうく》の、木屋町通《きやまちどお》りにあった旅館《りょかん》。新撰組《しんせんぐみ》は四国屋《しこくや》も探索《たんさく》している。

(8)三条木屋町《さんじょうきやまち》…現在《げんざい》の京都府京都市中京区《きょうとふきょうとしなかぎょうく》の、三条通《さんじょうどお》りと木屋町通《きやまちどお》りが交差《こうさ》する周辺《しゅうへん》。

おそらく、後者《こうしゃ》の回想《かいそう》の方《ほう》が正《ただ》しかったのであろうが、そうなると桂《かつら》は、最初《さいしょ》から池田屋《いけだや》に出席《しゅっせき》するつもりがなかった、との解釈《かいしゃく》も生《う》まれてしまう。逃《に》げたのか――否《いな》、この客観性《きゃっかんせい》にこそ、彼《かれ》の持《も》ち味《あじ》があった。決《けっ》して感情的《かんじょうてき》にならず、物事《ものごと》を冷静《れいせい》に考《かんが》え、常《つね》に深慮遠謀《しんりょえんぼう》(9)する。過激派《かげきは》の決行《けっこう》が成功《せいこう》すればそれに応《おう》じて、無理《むり》であれば手綱《たづな》を取《と》る材料《ざいりょう》に使《つか》う。融通無碍《ゆうずうむげ》(10)であった。桂《かつら》の目的《もくてき》は、あくまでも長州藩《ちょうしゅうはん》の存続《そんぞく》、繁栄《はんえい》であったといってよい。

彼《かれ》は逃《のが》れられたが、池田屋《いけだや》では吉田稔麿《よしだとしまろ》をはじめ長州藩士《ちょうしゅうはんし》と長州《ちょうしゅう》系尊攘過激派《けいそんじょうかげきは》の浪士《ろうし》が数多《かずおお》く討《う》たれた。怒髪天《どはってん》(11)を衝《つ》いた長州藩《ちょうしゅうはん》は、禁門《きんもん》の変《へん》になだれ込《こ》んだが、会津藩《あいづはん》と薩摩藩《さつまはん》を主力《しゅりょく》とする諸藩《しょはん》の連合《れんごう》軍《ぐん》に敗《やぶ》れ、松下村塾《しょうかそんじゅく》随一《ずいいち》といわれた久坂《くさか》はこのとき切腹《せっぷく》。寺島忠三郎《てらしまちゅうざぶろう》、入江九一《いりえくいち》など松下村塾出身者《しょうかそんじゅくしゅっしんしゃ》も、ここで壮絶《そうぜつ》な最期《さいご》を遂《と》げている。

桂《かつら》はこのとき、京都留守居役《きょうとるすいやく》(12)の地位《ちい》にあったが、口実《こうじつ》をもうけて戦闘《せんとう》には参加《さんか》していない。敗戦直後《はいせんちょくご》は乞食《こつじき》に身《み》をやつし、長州藩御用商人《ちょうしゅうはんごようしょうにん》の今井太郎右衛門《いまいたろうえもん》を通《つう》じて、恋人《こいびと》の幾松《いくまつ》と連絡《れんらく》をとりあい、彼女《かのじょ》が三《さん》

(9)深慮遠謀《しんりょえんぼう》…深《ふか》く考《かんが》えた、先々《さきざき》までのはかりごと。深謀遠慮《しんぼうえんりょ》とも。

(10)融通無碍《ゆうずうむげ》…臨機応変《りんきおうへん》で自由《じゆう》なこと。

(11)怒髪天《どはってん》を衝《つ》く…激《はげ》しく怒《おこ》ること。

(12)京都留守居役《きょうとるすいやく》…藩主《はんしゅ》の代《か》わりに京《きょう》の藩邸《はんてい》を統括《とうかつ》する役職《やくしょく》。藩《はん》の外交《がいこう》を担《にな》っていた。

条《じょう》大橋《おおはし》の袂《たもと》に運《はこ》んでくれた握《にぎ》り飯《めし》で飢《う》えをしのいで、京洛《けいらく》(13)の情報収集《じょうほうしゅうしゅう》にあたった。ときに桂《かつら》は三十二歳《さい》、幾松《いくまつ》は二十二歳《さい》であった（のち二人《ふたり》は結婚《けっこん》している）。その五日後《いつかご》、桂《かつら》は京《きょう》から姿《すがた》を消《け》した。

対馬藩邸《つしまはんてい》出入《でい》りの商人《しょうにん》に手引《てび》きしてもらって、遠《とお》く但馬国出石《たじまのくにいずし》（現《げん》・兵庫県豊岡市出石町《ひょうごけんとよおかしいずしちょう》）まで、桂《かつら》は亡命《ぼうめい》している。そして、商人《しょうにん》に身《み》をやつす。蛇足《だそく》(14)ながら、幾松《いくまつ》の身《み》もあやうくなり、彼女《かのじょ》は対馬藩《つしまはん》邸《てい》へ一時《いちじ》、身《み》を隠《かく》している。

――長州藩受難《ちょうしゅうはんじゅなん》の時代《じだい》が、しばらくつづいた。

幕府《ばくふ》の第《だい》一次長州征討《じちょうしゅうせいとう》、四《よん》か国連合艦隊《こくれんごうかんたい》の下関《しものせき》（馬関《ばかん》）砲撃《ほうげき》。高杉《たかすぎ》の決起《けっき》により、長州藩《ちょうしゅうはん》はやがて保守派《ほしゅは》（俗論党《ぞくろんとう》）から急進派《きゅうしんは》（正義党《せいぎとう》）へと政権《せいけん》が移《うつ》り、そうした動《うご》きの中《なか》で、伊藤俊輔《いとうしゅんすけ》（のち博文《ひろぶみ》）、村田蔵《むらたぞう》六《ろく》（のち大村益次郎《おおむらますじろう》）、野村和作《のむらわさく》（靖《やすし》）らが桂《かつら》の生存《せいぞん》を知《し》る。野村《のむら》は松《しょう》陰門下四天王《いんもんかしてんのう》の一人《ひとり》、入江九一《いりえくいち》の弟《おとうと》であった。彼《かれ》は手紙《てがみ》で桂《かつら》にいう。

「お国《くに》（藩《はん》）は人物《じんぶつ》を多《おお》く失《うしな》っています。高杉《たかすぎ》その他《ほか》とも話《はな》し、貴下《きか》(15)のご帰国《きこく》をと切《せつ》に願《ねが》います」

(13)京洛《けいらく》…京都《きょうと》のこと。

(14)蛇足《だそく》…なくてもよい、余計《よけい》なもの。

(15)貴下《きか》…あなた。主《おも》に同輩《どうはい》に使《つか》う敬称《けいしょう》。

この手紙《てがみ》の中《なか》には、「今般《こんぱん》の一夢《いちむ》、幸中《こうちゅう》の幸《さいわい》」とあった。いかに桂《かつら》が期待《きたい》されていたか知《し》れよう。生死不明《せいしふめい》（六か月《げつ》）ののち、彼《かれ》はにわかに姿《すがた》を現《あら》わした。タイミングを、はかっていたのだろう。

慶応元《けいおうがん》（一八六五）年《ねん》五月《がつ》、復帰《ふっき》した桂《かつら》は、藩主《はんしゅ》・毛利敬親《もうりたかちか》父子《ふし》に、「わが藩《はん》、今日《こんにち》の急務《きゅうむ》は防長《ぼうちょう》[16]二州《しゅう》が団結《だんけつ》、その間寸隙《かんすんげき》もないことを天《てん》下《か》に示《しめ》し、外《そと》は粛然深夜《しゅくぜんしんや》の如《ごと》く、寂《じゃく》として声《こえ》なきを装《よそお》い、内《うち》は動《うご》かざること山《やま》の如《ごと》く、その間《かん》、民政《みんせい》、軍政《ぐんせい》をととのえて時機《じき》を待《ま》つべし」と進言《しんげん》。桂《かつら》は藩命《はんめい》で木戸貫治《きどかんじ》となった（のち準一郎《じゅんいちろう》、孝允《たかよし》となる）。

村田《むらた》の洋式兵制《ようしきへいせい》を採用《さいよう》し、支藩《しはん》岩国《いわくに》[17]の吉川監物《きっかわけんもつ》とも和解《わかい》を図《はか》り、藩内《はんない》の俗論党《ぞくろんとう》を処分《しょぶん》した。木戸《きど》は、慶応《けいおう》二（一八六六）年正月八日《ねんしょうがつようか》、長州藩《ちょうしゅうはん》を代表《だいひょう》して京都《きょうと》へ潜行《せんこう》。薩摩藩家老《さつまはんかろう》の小松帯刀《こまつたてわき》、同藩士《どうはんし》の西《さい》郷吉之助《ごうきちのすけ》（隆盛《たかもり》）、大久保利通《おおくぼとしみち》と会見《かいけん》。仲介役《ちゅうかいやく》の坂本龍馬《さかもとりょうま》の到着後《とうちゃくご》、ついに薩長同盟《さっちょうどうめい》を締結《ていけつ》する。

——この同盟《どうめい》は、奇跡《きせき》のようなものであった。

なにしろ長州人《ちょうしゅうじん》の合言葉《あいことば》は「[18]薩賊会奸《さつぞくかいかん》」であり、これまでには下関《しものせき》

(16)防長《ぼうちょう》…周防国《すおうのくに》（山口県南東《やまぐちけんなんとう》部《ぶ》）と長門国《ながとのくに》（山口県北西《やまぐちけんほくせい》部《ぶ》）。長州藩《ちょうしゅうはん》のこと。

(17)岩国《いわくに》…岩国藩《いわくにはん》。現在《げんざい》の山《やま》口県岩国市《ぐちけんいわくにし》に藩庁《はんちょう》を置《お》いた藩《はん》。

(18)薩賊会奸《さつぞくかいかん》…盗賊《とうぞく》の薩摩《さつま》、奸《かん》物《ぶつ》（悪知恵《わるぢえ》の働《はたら》く者《もの》）の会津《あいづ》の意《い》。

で薩摩藩《さつまはん》の船《ふね》を拿捕《だほ》(19)し、船長《せんちょう》・宇宿彦右衛門《うすきひこえもん》を殺害《さつがい》してもいたのだ。

まさかの薩長《さっちょう》二藩《はん》に拠《よ》る同盟《どうめい》は〝回天《かいてん》〟(20)の原動力《げんどうりょく》となり、明治維《めいじい》新《しん》はこの同盟《どうめい》によって成就《じょうじゅ》したといってよい。

木戸《きど》は太政官《だじょうかん》（新政府《しんせいふ》の最高官庁《さいこうかんちょう》）に出仕《しゅっし》し、五箇条《ごかじょう》の御誓文《ごせいもん》(21)の草《そう》案作成《あんさくせい》に携《たずさ》わり、閏四月《うるうがつ》には参与《さんよ》(22)となった。明治《めいじ》二（一八六九）年《ねん》正月《しょうがつ》には、薩摩《さつま》・長州《ちょうしゅう》・土佐《とさ》・肥前佐賀《ひぜんさが》の四藩主《はんしゅ》に、版籍奉還《はんせきほうかん》をさせるべく演出《えんしゅつ》を担当《たんとう》、近代国家《きんだいこっか》の体裁《ていさい》を整《ととの》えていく。

彼《かれ》は近代日本《きんだいにほん》の、官僚《かんりょう》を象徴《しょうちょう》するような人物《じんぶつ》であったのかもしれない。明治《めいじ》三（一八七〇）年《ねん》六月《がつ》に参議《さんぎ》(23)に就任《しゅうにん》、翌年《よくねん》七月《がつ》の廃藩置県《はいはんちけん》には西郷《さいごう》と並《なら》ぶ権勢《けんせい》を担《にな》った。

ただ、木戸《きど》は強引《ごういん》さに欠《か》けて、思《おも》い通《どお》りにならない現実《げんじつ》を前《まえ》にすると、いつも戦《たたか》うより一歩自《いっぽみずか》らを引《ひ》いた。政府《せいふ》の重職《じゅうしょく》を拝命《はいめい》したかと思《おも》うと、すぐに辞職《じしょく》してしまう。その繰《く》り返《かえ》しの印象《いんしょう》が強《つよ》かった。

岩倉具視《いわくらともみ》は木戸《きど》のことを、「先見《せんけん》アルモ、スネテ不平《ふへい》ヲ鳴《な》ラシ、表《ひょう》面《めん》ニ議論《ぎろん》ハセズ、局外《きょくがい》ニ不平咄《ふへいばなし》ヲナスハ弊《へい》(24)ナリ」（『維新傳疑史話《いしんでんぎしわ》』）

(19)拿捕《だほ》…敵《てき》の船《ふね》を捕《と》らえること。

(20)回天《かいてん》…時勢《じせい》を一変《いっぺん》すること。

(21)五箇条《ごかじょう》の御誓文《ごせいもん》…慶応《けいおう》四（一八六八）年《ねん》に明治天皇《めいじてんのう》が公布《こうふ》した、新政府《しんせいふ》の基本方針《きほんほうしん》。

(22)参与《さんよ》…新政府《しんせいふ》の要職《ようしょく》。慶応《けいおう》三（一八六七）年《ねん》に新政府《しんせいふ》が設置《せっち》した官職《かんしょく》で、総裁《そうさい》・議定《ぎじょう》・参与《さんよ》の「三職《さんしょく》」のひとつ。

(23)参議《さんぎ》…新政府《しんせいふ》の要職《ようしょく》。明治《めいじ》二（一八六九）年《ねん》に「三職《さん》」が廃《はい》された後《あと》、制定《せいてい》された。

(24)弊《へい》…よくないこと。欠点《けってん》。

と述《の》べていた。
新政府《しんせいふ》にあって、二大藩閥《だいはんばつ》(25)の一方《いっぽう》・長州閥《ちょうしゅうばつ》を宰領《さいりょう》(26)すべき桂小五郎《かつらこごろう》改《あらた》め木戸孝允《きどたかよし》ではあったが、彼《かれ》には長州藩出身《ちょうしゅうはんしゅっしん》の部下《ぶか》に対《たい》する包容力《ほうようりょく》が乏《とぼ》しく、ややもすれば理想主義《りそうしゅぎ》に走《はし》る傾向《けいこう》が強《つよ》かった。
そのため、自派《じは》の伊藤博文《いとうひろぶみ》や井上馨《いのうえかおる》、山縣有朋《やまがたありとも》などに敬《けい》して遠《とお》ざけられ、政敵《せいてき》ともいうべき薩摩閥《さつまばつ》の大久保利通《おおくぼとしみち》のもとへ、彼《かれ》らを走《はし》らせることにもつながってしまう。
一方《いっぽう》で木戸《きど》は先見《せんけん》、見通《みとお》しにすぐれ、大勢《たいせい》を見極《みきわ》める見識《けんしき》も備《そな》えていた。明治《めいじ》の初頭《しょとう》、日本《にほん》を揺《ゆ》るがせた征韓論《せいかんろん》も、最《もっと》も早《はや》くに幕末《ばくまつ》、幕臣《ばくしん》の勝海舟《かつかいしゅう》を前《まえ》に語《かた》ったのは木戸自身《きどじしん》であり、外遊《がいゆう》して征韓論《せいかんろん》の無《む》謀《ぼう》さを知《し》ったのも彼《かれ》であった。
イギリスの外交官《がいこうかん》アーネスト・サトウも証言《しょうげん》している。
「桂《かつら》は、軍事的《ぐんじてき》、政治的《せいじてき》に最大《さいだい》の勇気《ゆうき》と決意《けつい》を心底《しんてい》に蔵《ぞう》していた人物《じんぶつ》だが、その態度《たいど》はあくまで温和《おんわ》で、物柔《ものやわ》らかであった」(『一外交官《いちがいこうかん》の見《み》た明治維新《めいじいしん》』)

(25)藩閥《はんばつ》…特定《とくてい》の藩出身者《はんしゅっしんしゃ》が結《けっ》成《せい》した派閥《はばつ》。
(26)宰領《さいりょう》…取《と》り仕切《しき》ること。

だが木戸《きど》は、巨星《きょせい》となった西郷《さいごう》と真正面《ましょうめん》から戦《たたか》うことをさけ、病気《びょうき》を理由《りゆう》に朝議《ちょうぎ》(27)にも参加《さんか》しなくなる。戦略的《せんりゃくてき》に逃《に》げていたものが、心身《しんしん》の疲労困憊《ひろうこんぱい》により、本質的《ほんしつてき》な逃避《とうひ》へと変貌《へんぼう》してしまったのだろうか。

明治《めいじ》十（一八七七）年《ねん》一月末《がつまつ》、西南戦争勃発《せいなんせんそうぼっぱつ》と時《とき》を同《おな》じくして、木戸《きど》は明治天皇《めいじてんのう》に随行《ずいこう》して京都入《きょうとい》りしたが、そのまま河原町《かわらまち》(28)の別邸《べってい》で、病《やまい》に臥《ふ》してしまう。そして五月《がつ》二十六日《にち》、四十五歳《さい》の生涯《しょうがい》を閉《と》じた。

死《し》の直前《ちょくぜん》、重態《じゅうたい》の彼《かれ》は意識不明《いしきふめい》の中《なか》で、

「西郷《さいごう》モマタ大抵《たいてい》ニセンカ」（『松菊木戸公伝《しょうぎくきどこうでん》』）

と叫《さけ》んだという。

木戸《きど》の新政府《しんせいふ》における業績《ぎょうせき》は、確固《かっこ》たるものがあった。彼《かれ》がいなければ、日本《にほん》の近代化《きんだいか》、中央集権化《ちゅうおうしゅうけんか》は大幅《おおはば》に遅《おく》れていたであろう。能力《のうりょく》にめぐまれ、環境《かんきょう》も後押《あとお》しする中《なか》、木戸《きど》は激動《げきどう》の維新《いしん》の中《なか》で、自《みずか》らの心身《しんしん》を摩滅《まめつ》させてしまったようだ。

そう見《み》れば、西南戦争《せいなんせんそう》で敗死《はいし》した西郷《さいごう》も、あるいは同様《どうよう》であったのかもしれない。

(27)朝議《ちょうぎ》…朝廷《ちょうてい》の会議《かいぎ》。

(28)河原町《かわらまち》…現在《げんざい》の京都府京都《きょうとふきょうと》市《し》を南北《なんぼく》に走《はし》る河原町通《かわらまちどお》り周辺《しゅうへん》。

豆知識《まめちしき》①

桂《かつら》小五郎《こごろう》の命《いのち》を救《すく》った幾松《いくまつ》

木戸《きど》孝允《たかよし》（桂小五郎《かつらこごろう》）が京都《きょうと》三本木《さんぼんぎ》「吉田屋《よしだや》」の売《う》れっ子芸妓《こげいぎ》・幾松《いくまつ》（まつ）と出会《であ》ったのは、文久《ぶんきゅう》二（一八六二）年《ねん》頃《ごろ》といわれている。

幾松《いくまつ》の出生《しゅっしょう》には謎《なぞ》が多《おお》く、最《もっと》も有力《ゆうりょく》なものに、若狭小浜《わかさおばま》（現《げん》・福井県小浜市《ふくいけんおばまし》）の藩士《はんし》・木崎市兵衛《きざきいちべえ》の娘《むすめ》というのがあった。

この市兵衛《いちべえ》は藩《はん》の奉行所《ぶぎょうしょ》に書記《しょき》として勤《つと》めていたというが、藩《はん》を出奔《しゅっぽん》。その前《ぜん》後《ご》、天保《てんぽう》十四（一八四三）年《ねん》にまつは生《う》まれ、養女《ようじょ》として出《だ》されたものの、養父《ようふ》の借金《しゃっきん》から舞妓《まいこ》、芸妓《げいぎ》になったという。

美形《びけい》で機転《きてん》がきき、男勝《おとこまさ》りの侠気《きょうき》に溢《あふ》れたまつ改《あらた》め幾松《いくまつ》は、デビューするやたちまち売《う》れっ子《こ》になった。

長州藩《ちょうしゅうはん》の若《わか》きエリート桂小五郎《かつらこごろう》は、写《しゃ》真《しん》を見《み》るかぎり男前《おとこまえ》だ。桂《かつら》も幾松《いくまつ》も、一《ひと》目《め》惚《ぼ》れであったという。だが、この恋愛《れんあい》は命懸《いのちが》けのものになる。京都《きょうと》における尊《そん》王攘夷運動《のうじょういうんどう》の中心《ちゅうしん》にあった長州藩《ちょうしゅうはん》は、公《こう》武合体派《ぶがったいは》の薩摩藩《さつまはん》らと八月《がつ》十八日《にち》の政変《せいへん》で対立《たいりつ》し、桂《かつら》は追《お》われる身《み》となった。

そんななか、桂《かつら》は幾松《いくまつ》の家《いえ》に匿《かくま》われることもあったようだ。ある夜《よる》、家《いえ》の近《ちか》くで怪《あや》しい人影《ひとかげ》を見《み》た彼女《かのじょ》は、すぐさま家《いえ》に駆《か》け込《こ》み、桂《かつら》に急《きゅう》を告《つ》げたので、彼《かれ》は屋根《やね》を伝《つた》って逃《に》げることができた。

このとき幾松《いくまつ》は、間一髪《かんいっぱつ》の差《さ》で入《はい》ってきた新撰組隊士《しんせんぐみたいし》たちに、屯所《とんしょ》へ引《ひ》き立《た》てられ、白刃《はくじん》を突《つ》きつけられたが、頑《がん》として口《くち》を割《わ》らず、その健気《けなげ》な態度《たいど》に感《かん》じ入《い》った近藤勇《こんどういさみ》に、放免《ほうめん》されたという。

また、幾松《いくまつ》の「吉田屋《よしだや》」で桂《かつら》たちが会《かい》合中《ごうちゅう》に、新撰組《しんせんぐみ》に踏《ふ》み込《こ》まれ、幾松《いくまつ》は一《いっ》行《こう》を地下《ちか》の物置《ものおき》に逃《に》がし、素知《そし》らぬ顔《かお》で「京《きょう》の四季《しき》」を踊《おど》った。このときも近藤《こんどう》は、刀《かたな》を収《おさ》めて引《ひ》き下《さ》がったという。

やがて木戸孝允《きどたかよし》と改名《かいめい》した桂《かつら》は、薩長《さっちょう》同盟締結《どうめいていけつ》などに活躍《かつやく》。明治維新後《めいじいしんご》は新政《しんせい》府《ふ》の参議《さんぎ》となって、幾松《いくまつ》を妻《つま》に迎《むか》える。結婚後《けっこんご》、幾松《いくまつ》は松子《まつこ》と名《な》を変《か》えた。

明治《めいじ》十（一八七七）年《ねん》一月《がつ》、木戸《きど》は京《きょう》都《と》で突然《とつぜん》の胸痛《きょうつう》に倒《たお》れ、五月《がつ》二十六日《にち》、帰《かえ》らぬ人《ひと》となった。享年《きょうねん》四十五。

松子《まつこ》は夫《おっと》の死後《しご》、出家《しゅっけ》して翠香院《すいこういん》と号《ごう》し、木戸《きど》が隠居所《いんきょじょ》として用意《ようい》していた京《きょう》都木屋町《ときやまち》の別邸《べってい》に入《はい》り、四十四歳《さい》でこの世《よ》を去《さ》るまで、ここで隠遁生活《いんとんせいかつ》を送《おく》った。

豆《まめ》知《ち》識《しき》②

木戸《きど》孝允《たかよし》が東京行幸《とうきょうぎょうこう》(東幸《とうこう》)を演出《えんしゅつ》した!?

慶応《けいおう》四(一八六八)年《ねん》九月八日《がつようか》、「明《めい》治改元《じかいげん》の詔《みことのり》」が発《はっ》せられ、慶応《けいおう》四年《ねん》を明《めい》治元年《じがんねん》とすることとなる。

あわせて、天皇《てんのう》一代《だい》に元号《げんごう》を一《ひと》つとする、「一世一元《いっせいいちげん》の制《せい》」も定《さだ》められた。

そして同月《どうげつ》二十日《はつか》、明治天皇《めいじてんのう》は東京行《とうきょうぎょう》幸《こう》(東幸《とうこう》)のために京都《きょうと》を発《た》った。

この東幸《とうこう》の表向《おもてむ》きの理由《りゆう》は、「戦争《せんそう》によって難儀《なんぎ》した東国《とうごく》の民衆《みんしゅう》を慰撫《いぶ》するため」というものであったが、東京《とうきょう》への遷《せん》都《と》がそのまま行《おこな》われるのではないか、と懸念《けねん》する声《こえ》が京都《きょうと》では大《おお》きかった。

この東幸《とうこう》の実現《じつげん》に、人一倍尽力《ひといちばいじんりょく》したのが木戸孝允《きどたかよし》である。彼《かれ》は岩倉具視《いわくらともみ》、中山《なかやま》忠能《ただよし》らとともに東幸《とうこう》に従《したが》っている。

一行《いっこう》は長州藩《ちょうしゅうはん》、土佐藩《とさはん》、備前岡山藩《びぜんおかやまはん》、伊予大洲藩《いよおおずはん》の四藩《はん》の警護兵《けいごへい》を加《くわ》えると、三千《ぜん》三百人《びゃくにん》にも及《およ》んだ。

一般《いっぱん》に、江戸時代《えどじだい》の参勤交代《さんきんこうたい》の行列《ぎょうれつ》というと、華《はな》やかなイメージが浮《う》かぶが、多《おお》くは映画《えいが》の演出《えんしゅつ》。初期《しょき》こそ大大名《だいだいみょう》を中《ちゅう》心《しん》に、競《きそ》うように行列《ぎょうれつ》を飾《かざ》り立《た》てたが、幕末《ばくまつ》にはいずれの藩《はん》も財政難《ざいせいなん》に陥《おちい》り、行《ぎょう》列《れつ》は地味《じみ》になった。それを見慣《みな》れた庶民《しょみん》にとって、盛大《せいだい》な東幸《とうこう》の行列《ぎょうれつ》は、さぞかし華《はな》やかに映《うつ》ったに違《ちが》いない。

天皇《てんのう》は東幸《とうこう》の道《みち》すがら、伊勢神宮《いせじんぐう》を遠《とお》くから拝《おが》み、熱田神宮《あつたじんぐう》の御参拝《ごさんぱい》、特《とく》に尊《たっと》ばれた神社《じんじゃ》には使者《ししゃ》を派遣《はけん》し、沿道《えんどう》の高《こう》齢者《れいしゃ》・孝子《こうし》・貞女《ていじょ》を褒賞《ほうしょう》し、災害被害者《さいがいひがいしゃ》には金品《きんぴん》を授《さず》けた。

沿道《えんどう》には見送《みおく》りの民衆《みんしゅう》があふれ、行列《ぎょうれつ》に向《む》かい、かしわ手《で》を打《う》って拝《おが》む者《もの》が絶《た》えなかった、と伝《つた》えられている。

そんななか木戸《きど》は、途中《とちゅう》、鳳輦《ほうれん》(天皇《てんのう》の乗《の》る輿《こし》)を止《と》め、天皇《てんのう》に農夫《のうふ》の収穫《しゅうかく》の様子《ようす》や、海辺《うみべ》で網《あみ》を引《ひ》き上《あ》げる漁師《りょうし》の姿《すがた》など、一般民衆《いっぱんみんしゅう》の生活《せいかつ》を見学《けんがく》させている。

また、遠江国白須賀《とおとうみのくにしらすか》(現《げん》・静岡県湖西《しずおかけんこさい》市《し》)で、天皇《てんのう》が初《はじ》めて太平洋《たいへいよう》を望観《ぼうかん》したときには、木戸《きど》は「皇威《こうい》の洋外相輝《ようがいあいかがや》ん始《はじめ》なり」と感涙《かんるい》の程《ほど》を述《の》べていた。

この東幸《とうこう》は、政権《せいけん》が徳川家《とくがわけ》から天皇《てんのう》を頂《いただ》く新政府《しんせいふ》に移行《いこう》したことを、世間《せけん》に知《し》らしめるための一大演出《いちだいえんしゅつ》でもあった。

十月《がつ》十三日《にち》、天皇《てんのう》は品川《しながわ》を発《はっ》して東京《とうきょう》に到着《とうちゃく》。東幸後《とうこうご》、東京《とうきょう》の民《たみ》に「天盃頂《てんぱいちょう》戴《だい》」と称《しょう》する酒肴《しゅこう》が振《ふ》る舞《ま》われた。

――「明治《めいじ》」の出発《しゅっぱつ》である。

豆知識《まめちしき》③

木戸孝允《きどたかよし》は「散髪脱刀令《さんぱつだっとうれい》」を推進《すいしん》した！

明治《めいじ》三（一八七〇）年《ねん》の春《はる》に、明治天皇《めいじてんのう》の洋服《ようふく》を東京日本橋本石町《とうきょうにほんばしほんごくちょう》の「山城屋《やましろや》」が仕立《した》てて以来《いらい》、洋服《ようふく》の仕立屋《したてや》は順調《じゅんちょう》に増加《ぞうか》し、洋服《ようふく》を着用《ちゃくよう》するのは文明開化《ぶんめいかいか》の象徴《しょうちょう》のようにも思《おも》われた。

そして洋装《ようそう》に拍車《はくしゃ》をかけたのが、木戸孝允《きどたかよし》が中心《ちゅうしん》となり、明治《めいじ》四（一八七一）年《ねん》八月九日《がつここのか》に布告《ふこく》した「散髪脱刀令《さんぱつだっとうれい》」であったろう。

この法令《ほうれい》は強制《きょうせい》ではなかったものの、それまで四民《しみん》がこぞって当然《とうぜん》のこととしてきた丁髷《ちょんまげ》を、突然《とつぜん》に切《き》れといわれたのだからたまらない。

いっせいに民衆《みんしゅう》は反発《はんぱつ》したが、こうした動《うご》きは単《たん》に、民衆《みんしゅう》の保守的《ほしゅてき》な考《かんが》え方《かた》からだけのものではなかった。

実《じつ》は江戸時代《えどじだい》、丁髷《ちょんまげ》を切《き》られることは、罪人《ざいにん》であるとの意味合《いみあ》いをもっていた。

「おいらを、犯罪者扱《はんざいしゃあつか》いにする気《き》か」

多《おお》くの民衆《みんしゅう》が断髪《だんぱつ》を受《う》け入《い》れなかった真《しん》の理由《りゆう》は、ここにあった。

また、江戸《えど》や京都《きょうと》などの都市《とし》には、施《ほどこ》しで暮《く》らす「願人坊主《がんにんぼうず》」と呼《よ》ばれる人々《ひとびと》があり、彼《かれ》らは五分刈《ごぶか》りの頭《あたま》をしていた。

このイメージも、民衆《みんしゅう》の決断《けつだん》をにぶらせたといわれている。

全国的《ぜんこくてき》にみて、断髪《だんぱつ》がスムーズに受《う》け入《い》れられるようになったのは、布告《ふこく》の二年後《ねんご》、明治《めいじ》六（一八七三）年《ねん》三月以降《がついこう》のことである。何《なに》があったのか――民衆《みんしゅう》の反発《はんぱつ》を抑《おさ》えるため、木戸《きど》は宮中改革《きゅうちゅうかいかく》を推進《すいしん》し、明治天皇《めいじてんのう》の断髪《だんぱつ》を実現《じつげん》した。

「天子《てんし》さままでが、御自《おんみずか》ら……」

と民衆《みんしゅう》は感激《かんげき》し、断髪屋《だんぱつや》に出向《でむ》くようになったという。

〽ザンギリ頭《あたま》を叩《たた》いてみれば、
文明開化《ぶんめいかいか》の音《おと》がする

ちなみに、ザンギリ頭《あたま》は、ジャンギリともいい、「いが栗《ぐり》にて髪短《かみみじか》き者《もの》、なでつけにて髪長《かみなが》き者《もの》」のいずれをも指《さ》した。当時《とうじ》の若《わか》い男性《だんせい》の流行《りゅうこう》のヘアスタイルとなったようだ。

とはいっても、明治《めいじ》九（一八七六）年《ねん》の頃《ころ》で、散髪《さんぱつ》しているものが六割《わり》、丁髷《ちょんまげ》のままのものが四割《わり》という程度《ていど》で、丁髷《ちょんまげ》姿《すがた》がほぼ姿《すがた》を消《け》すのには、明治《めいじ》四十（一九〇七）年頃《ねんごろ》まで待《ま》たねばならなかった。

年表《ねんぴょう》

天保《てんぽう》四（1833）年《ねん》
六月《がつ》二十六日《にち》、木戸《きど》孝允《たかよし》、長門国《ながとのくに》（現《げん》・山口県西部《やまぐちけんせいぶ》）萩城下《はぎじょうか》で、長州藩医《ちょうしゅうはんい》・和田昌景《わだしょうけい》の長男《ちょうなん》として生《う》まれる。幼名《ようみょう》は小五郎《こごろう》。

天保《てんぽう》十一（1840）年《ねん》
四月《がつ》、小五郎《こごろう》、長州藩士《ちょうしゅうはんし》・桂九郎兵衛《かつらくろべえ》の末期養子《まつごようし》となる。
六月《がつ》、小五郎《こごろう》、養父《ようふ》・九郎兵衛《くろべえ》が死去《しきょ》したため桂家《かつらけ》を継《つ》ぐ。

天保《てんぽう》十三（1842）年《ねん》
この年《とし》、小五郎《こごろう》、長州藩《ちょうしゅうはん》の漢学者《かんがくしゃ》・岡本栖雲《おかもとせいうん》の私塾《しじゅく》「江南塾《こうなんじゅく》」に入《はい》る。

弘化《こうか》二（1845）年《ねん》
この年《とし》、小五郎《こごろう》、藩校《はんこう》「明倫館《めいりんかん》」に入学《にゅうがく》する。

嘉永《かえい》二（1849）年《ねん》
この年《とし》、小五郎《こごろう》、明倫館《めいりんかん》で山鹿流兵学《やまがりゅうへいがく》を教《おし》えていた吉田松陰《よしだしょういん》に出会《であ》う。

嘉永《かえい》五（1852）年《ねん》
この年《とし》、江戸《えど》の剣術家《けんじゅつか》・斎藤弥九郎《さいとうやくろう》の、長男《ちょうなん》・新太郎《しんたろう》が萩《はぎ》に来《く》る。

嘉永《かえい》六（1853）年《ねん》

この年《とし》、小五郎《こごろう》、江戸《えど》へ出《で》て斎藤弥九郎《さいとうやくろう》の道場《どうじょう》「練兵《れんぺい》館《かん》」に入門《にゅうもん》する。

六月三日《がつみっか》、アメリカ合衆国東《がっしゅうこくひがし》インド艦隊司令官《かんたいしれいかん》・ペリーが浦賀《うらが》に来航《らいこう》する。

この年《とし》、小五郎《こごろう》、江川太郎左衛門《えがわたろうざえもん》に西洋兵学《せいようへいがく》を学《まな》ぶ。

嘉永《かえい》七（1854）年《ねん》

※十一月《がつ》二十七日《にち》に安政《あんせい》へ改元《かいげん》

正月《しょうがつ》十六日《にち》、ペリー、軍艦《ぐんかん》七隻《せき》を率《ひき》いて再《ふた》び来航《らいこう》し、神奈川沖《かながわおき》に停泊《ていはく》する。

三月三日《がつみっか》、幕府《ばくふ》、日米和親条約《にちべいわしんじょうやく》を締結《ていけつ》する。

安政《あんせい》二（1855）年《ねん》

七月《がつ》、小五郎《こごろう》、幕臣《ばくしん》・中島三郎助《なかじまさぶろうすけ》に師事《しじ》して西洋式軍《せいようしきぐん》学《がく》と造船術《ぞうせんじゅつ》を学《まな》ぶ。

十一月《がつ》、小五郎《こごろう》、伊豆《いず》・戸田浦《へだうら》の造船所《ぞうせんしょ》で、造船《ぞうせん》・艦船《かんせん》操縦《そうじゅう》など最先端《さいせんたん》の技術《ぎじゅつ》を学《まな》ぶ。

安政《あんせい》五（1858）年《ねん》

六月《がつ》十九日《にち》、幕府《ばくふ》、日米修好通商条約《にちべいしゅうこうつうしょうじょうやく》を締結《ていけつ》する。

九月以降《がついこう》、全国各地《ぜんこくかくち》で尊王攘夷派志士《そんのうじょういはしし》が次々《つぎつぎ》と逮捕《たいほ》される（安政《あんせい》の大獄始《たいごくはじ》まる）。

安政《あんせい》六（1859）年《ねん》

十月《がつ》二十七日《にち》、吉田松陰《よしだしょういん》、処刑《しょけい》される。その後《ご》、小五郎《こごろう》が松陰《しょういん》の遺体《いたい》を小塚原回向院《こづかはらえこういん》に埋葬《まいそう》する。

安政《あんせい》七（1860）年《ねん》
※三月《がつ》十八日《にち》に万延《まんえん》へ改元《かいげん》

三月三日《がつみっか》、江戸城《えどじょう》の桜田門外《さくらだもんがい》で大老《たいろう》・井伊直弼《いいなおすけ》が暗殺《あんさつ》される（桜田門外《さくらだもんがい》の変《へん》）。

七月《がつ》、小五郎《こごろう》、品川《しながわ》に停泊中《ていはくちゅう》の長州藩《ちょうしゅうはん》の軍艦《ぐんかん》・丙辰丸《へいしんまる》で水戸藩士《みとはんし》・西丸帯刀《さいまるたてわき》らと会見《かいけん》し、成破《せいは》の盟約《めいやく》を結《むす》ぶ（丙辰丸《へいしんまる》の盟約《めいやく》）。

文久《ぶんきゅう》二（1862）年《ねん》

正月《しょうがつ》十五日《にち》、老中《ろうじゅう》・安藤信正《あんどうのぶまさ》が水戸浪士《みとろうし》六人《にん》に襲撃《しゅうげき》され、負傷《ふしょう》する（坂下門外《さかしたもんがい》の変《へん》）。

七月《がつ》、小五郎《こごろう》、右筆《ゆうひつ》、政務座《せいむざ》の副役《そえやく》となり、学習院用掛《がくしゅういんようがかり》を命《めい》じられる。

文久《ぶんきゅう》三（1863）年《ねん》

五月十日《がつとおか》未明《みめい》、長州藩《ちょうしゅうはん》、関門海峡《かんもんかいきょう》で外国艦《がいこくかん》を砲撃《ほうげき》し攘夷《じょうい》を断行《だんこう》する（攘夷戦《じょういせん》、始《はじ》まる）。

八月《がつ》十八日《にち》、八月《がつ》十八日《にち》の政変《せいへん》が起《お》こる。その後《ご》、小五郎《こごろう》、新堀松輔《しんぼりしょうすけ》という偽名《ぎめい》を使《つか》って京都《きょうと》に潜伏《せんぷく》し、情勢《じょうせい》を探《さぐ》る。

十月《がつ》、小五郎《こごろう》、帰国《きこく》して直目付《じきめつけ》に任《にん》ぜられる。

文久《ぶんきゅう》四（1864）年《ねん》
※二月《がつ》二十日《はつか》、元治《げんじ》へ改元《かいげん》

元治《げんじ》二（1865）年《ねん》
※四月《がつ》七日《にち》、慶応《けいおう》に改元《かいげん》

正月《しょうがつ》、小五郎《こごろう》、直目付《じきめつけ》を免《めん》ぜられ、京坂方面《けいはんほうめん》に派遣《はけん》される。
この頃《ころ》、小五郎《こごろう》、京都留守居役《きょうとるすいやく》に就任《しゅうにん》する。
六月《がつ》、新撰組《しんせんぐみ》、池田屋《いけだや》の尊攘派志士《そんじょうはしし》を襲撃《しゅうげき》する（池田《いけだ》屋事件《やじけん》）。
七月《がつ》十九日《にち》、長州藩《ちょうしゅうはん》、会津《あいづ》・薩摩両藩《さつまりょうはん》に敗《やぶ》れ、京《きょう》を追《お》われる（禁門《きんもん》の変《へん》）。その後《ご》、小五郎《こごろう》、但馬国出石《たじまのくにいずし》（現《げん》・兵庫県豊岡市《ひょうごけんとよおかし》）に潜伏《せんぷく》する。
八月五日《がついつか》、四国連合艦隊《しこくれんごうかんたい》、下関《しものせき》を砲撃《ほうげき》する。
十一月《がつ》、長州藩《ちょうしゅうはん》、禁門《きんもん》の変《へん》の責任者《せきにんしゃ》の三家老《かろう》に自刃《じじん》を命《めい》令《れい》する（第《だい》一次長州征討《じちょうしゅうせいとう》が長州藩《ちょうしゅうはん》の恭順《きょうじゅん》で終《お》わる）。
十二月《がつ》、長州藩士《ちょうしゅうはんし》・高杉晋作《たかすぎしんさく》ら下関《しものせき》を襲撃《しゅうげき》する。

四月《がつ》、小五郎《こごろう》、但馬国《たじまのくに》より帰国《きこく》する。
五月《がつ》、小五郎《こごろう》、政事堂用掛《せいじどうようがかり》・国政方用談役心得《こくせいかたようだんやくこころえ》となる。
閏《うるう》五月《がつ》、小五郎《こごろう》、土佐脱藩浪士《とさだっぱんろうし》・坂本龍馬《さかもとりょうま》と会談《かいだん》する。
九月《がつ》、将軍《しょうぐん》・徳川家茂《とくがわいえもち》、第《だい》二次長州征討《じちょうしゅうせいとう》の勅許《ちょっきょ》を受《う》ける。この頃《ころ》、小五郎《こごろう》、藩命《はんめい》により、木戸貫治《きどかんじ》（のち準一《じゅんいち》郎《ろう》、孝允《たかよし》）に改名《かいめい》する

慶応《けいおう》二（1866）年《ねん》

正月八日《しょうがつようか》、孝允《たかよし》、京都《きょうと》の薩摩藩邸《さつまはんてい》に入《はい》り、西郷吉之助《さいごうきちのすけ》（隆盛《たかもり》）らと会談《かいだん》する。
同月《どうげつ》二十一日《にち》、孝允《たかよし》、京都《きょうと》の薩摩藩家老《さつまはんかろう》・小松帯刀邸《こまつたてわきてい》にて、再《ふたた》び西郷吉之助《さいごうきちのすけ》らと会談《かいだん》（薩長同盟《さっちょうどうめい》が成立《せいりつ》）。
六月七日《がつなのか》、第《だい》二次長州征討《じちょうしゅうせいとう》（四境戦争《しきょうせんそう》）、始《はじ》まる。
八月《がつ》二十一日《にち》、将軍《しょうぐん》・徳川家茂《とくがわいえもち》死去《しきょ》により、長州征討中《ちょうしゅうせいとうちゅう》止《し》の沙汰書《さたしょ》が提出《ていしゅつ》される（九月二日《がつふつか》、幕長休戦《ばくちょうきゅうせん》を協定《きょうてい》）。
十一月《がつ》、孝允《たかよし》、薩摩《さつま》にて薩摩藩主《さつまはんしゅ》・島津茂久《しまづもちひさ》父子《ふし》と面会《めんかい》する。
十二月五日《がついつか》、徳川慶喜《とくがわよしのぶ》が十五代将軍《だいしょうぐん》となる。
十二月《がつ》二十五日《にち》、孝明天皇《こうめいてんのう》が崩御《ほうぎょ》、享年《きょうねん》、三十六。

慶応《けいおう》三（1867）年《ねん》

四月十四日《がつじゅうよっか》、高杉晋作《たかすぎしんさく》が死去《しきょ》。享年《きょうねん》、二十九。
九月《がつ》十七日《にち》、孝允《たかよし》、周防国山口《すおうのくにやまぐち》（現《げん》・山口県山口市《やまぐちけんやまぐちし》）で薩摩藩士《さつまはんし》・大久保利通《おおくぼとしみち》と会談《かいだん》する。
同月《どうげつ》十八日《にち》、毛利敬親《もうりたかちか》父子《ふし》、大久保利通《おおくぼとしみち》と面会《めんかい》する。
十月《がつ》十三日《にち》〜十四日《じゅうよっか》、長州藩《ちょうしゅうはん》・薩摩藩《さつまはん》に討幕《とうばく》の密勅《みっちょく》下《くだ》る。
十月十四日《がつじゅうよっか》、将軍《しょうぐん》・徳川慶喜《とくがわよしのぶ》、朝廷《ちょうてい》に大政奉還上表《たいせいほうかんじょうひょう》を提出《ていしゅつ》する。
十一月《がつ》十五日《にち》、坂本龍馬《さかもとりょうま》、京都《きょうと》の近江屋《おうみや》で暗殺《あんさつ》される。
十二月九日《がつここのか》、朝廷《ちょうてい》、王政復古《おうせいふっこ》を宣言《せんげん》し、小御所会議《こごしょかいぎ》が開催《かいさい》される。その後《ご》、孝允《たかよし》、朝廷《ちょうてい》に登用《とうよう》される。

慶応四《けいおう》（1868）年《ねん》
※九月八日《がつようか》、明治《めいじ》へ改元《かいげん》

正月三日《しょうがつみっか》、鳥羽《とば》・伏見《ふしみ》の戦《たたか》い（戊辰戦争《ぼしんせんそう》）が勃発《ぼっぱつ》する。
同月六日《どうげつむいか》、徳川慶喜《とくがわよしのぶ》が大坂城《おおさかじょう》を退去《たいきょ》し、江戸《えど》へ向かう。
同月《どうげつ》二十五日《にち》、孝允《たかよし》、上京《じょうきょう》して新政府《しんせいふ》太政官《だじょうかん》に出仕《しゅっし》、総裁局顧問《そうさいきょくこもん》に任《にん》ぜられる。
二月一日《がつついたち》、孝允《たかよし》、外国事務掛《がいこくじむがかり》を兼任《けんにん》する。
三月十四日《がつじゅうよっか》、五箇条《ごかじょう》の御誓文《ごせいもん》が発布《はっぷ》される。
四月《がつ》十一日《にち》、江戸城《えどじょう》無血開城《むけつかいじょう》される。
閏《うるう》四月《がつ》、孝允《たかよし》、藩主《はんしゅ》・毛利敬親《もうりたかちか》に版籍奉還《はんせきほうかん》を進言《しんげん》する。
同月《どうげつ》、孝允《たかよし》、参与《さんよ》に任《にん》ぜられる。
七月《がつ》十七日《にち》、江戸《えど》が東京《とうきょう》と改称《かいしょう》される。
九月《がつ》十八日《にち》、孝允《たかよし》、大久保利通《おおくぼとしみち》と版籍奉還《はんせきほうかん》について話《はな》し合《あ》う。

明治二《めいじ》（1869）年《ねん》

六月《がつ》十七日《にち》、新政府《しんせいふ》、諸藩主《しょはんしゅ》の版籍奉還《はんせきほうかん》を許《ゆる》し、各藩《かくはん》知事《ちじ》に任命《にんめい》する。

明治《めいじ》三（1870）年《ねん》

九月《がつ》、孝允《たかよし》、王政復古《おうせいふっこ》の功労者《こうろうしゃ》として、永世禄千八百《えいせいろくせんびゃく》石《こく》をもらい、従三位《じゅさんみ》に叙《じょ》せられる。

明治《めいじ》四（1871）年《ねん》

二月《がつ》、孝允《たかよし》、山口《やまぐち》で脱隊兵《だったいへい》を武力鎮圧《ぶりょくちんあつ》する。
六月《がつ》、孝允《たかよし》、参議《さんぎ》に任《にん》ぜられる。
七月十四日《がつじゅうよっか》、廃藩置県《はいはんちけん》の証書《しょうしょ》が出《だ》される。
十月《がつ》、孝允《たかよし》、大久保《おおくぼ》らとともに、岩倉使節団《いわくらしせつだん》の全権副使《ぜんけんふくし》に任命《にんめい》される。
十一月《がつ》十二日《にち》、孝允《たかよし》、岩倉遣欧使節団副使《いわくらけんおうしせつだんふくし》として欧米《おうべい》に向《む》かう。

明治《めいじ》六（1873）年《ねん》

七月《がつ》、孝允《たかよし》、欧米《おうべい》より帰国《きこく》する。
九月《がつ》、孝允《たかよし》、三条実美《さんじょうさねとみ》に征韓論反対《せいかんろんはんたい》の意思《いし》を告《つ》げる（征韓論争《せいかんろんそう》）。
十月《がつ》、天皇《てんのう》、岩倉《いわくら》の奏議《そうぎ》により朝鮮《ちょうせん》への使節派遣《しせつはけん》を無期《むき》延期《えんき》とする。これにより西郷《さいごう》は辞職《じしょく》する。

明治《めいじ》七（1874）年《ねん》

一月《がつ》、孝允《たかよし》、文部卿《もんぶきょう》を兼任《けんにん》する。
二月《がつ》、佐賀《さが》の乱《らん》、起《お》こる。

同月《どうげつ》、孝允《たかよし》、内務卿《ないむきょう》の事務《じむ》を兼任《けんにん》する。
五月《がつ》、孝允《たかよし》、征台論《せいたいろん》で大久保《おおくぼ》と対立《たいりつ》し、参議兼文部卿《さんぎけんもんぶきょう》を辞《や》め、宮内省《くないしょう》に出仕《しゅっし》する。
この頃《ころ》、孝允《たかよし》、頭痛《ずつう》が重《おも》くなる。

明治《めいじ》八（1875）年《ねん》

一月《がつ》〜二月《がつ》、孝允《たかよし》、大阪《おおさか》で大久保利通《おおくぼとしみち》、板垣退助《いたがきたいすけ》らと会談《かいだん》（大阪会議《おおさかかいぎ》）。
三月《がつ》、孝允《たかよし》、再《ふたた》び参議《さんぎ》となる。
六月《がつ》、孝允《たかよし》、地方官会議《ちほうかんかいぎ》の議長《ぎちょう》をつとめる

明治《めいじ》九（1876）年《ねん》

六月《がつ》、孝允《たかよし》、天皇《てんのう》の東北《とうほく》・北海道巡幸《ほっかいどうじゅんこう》に供奉《ぐぶ》する。

明治《めいじ》十（1877）年《ねん》

一月《がつ》、孝允《たかよし》、明治天皇《めいじてんのう》に供奉《ぐぶ》して京《きょう》に向《む》かう。
二月《がつ》十五日《にち》、西南戦争勃発《せいなんせんそうぼっぱつ》。
同月《どうげつ》、孝允《たかよし》、三条実美《さんじょうさねとみ》に自《みずか》らの戦地派遣《せんちはけん》を嘆願《たんがん》する。
五月《がつ》十九日《にち》、孝允《たかよし》、明治天皇《めいじてんのう》の慰問《いもん》を受《う》ける。
同月《どうげつ》二十六日《にち》、孝允《たかよし》、京都《きょうと》で死去《しきょ》。享年《きょうねん》、四十五。墓《はか》は京都東山《きょうとひがしやま》の霊山《りょうぜん》に設《もう》けられる。

参考文献《さんこうぶんけん》

木戸孝允と幕末・維新 急進的集権化と「開化」の時代 1833～1877　齋藤紅葉著　京都大学学術出版会
幕末維新の個性　木戸孝允　松尾正人著　吉川弘文館
1868 明治が始まった年への旅　加来耕三著　時事通信社
幕末維新 まさかの深層 明治維新一五〇年は日本を救ったのか　加来耕三著　さくら舎
幕末・明治の英傑たち 坂本龍馬と龍馬を巡る人々 謀略の裏にあった、貴ぶべき先駆者たちの気質　加来耕三著　滋慶出版／つちや書店
日本史リブレット人　木戸孝允「勤王の志士」の本音と建前　一坂太郎著　山川出版社
週刊日本の 100 人　木戸孝允　デアゴスティーニ・ジャパン
日本の軍装 幕末から日露戦争　中西立太著　大日本絵画
歴史群像シリーズ　図説・幕末戊辰西南戦争　学研プラス

著者略歴

加来耕三：企画・構成・監修

歴史家・作家。1958 年、大阪府大阪市生まれ。1981 年、奈良大学文学部史学科卒業。主な著書に、『財閥を築いた男たち』、『徳川三代記』、『if の日本史「もしも」で見えてくる、歴史の可能性』、『上杉謙信』、『直江兼続』（すべてポプラ社）、『歴史に学ぶ自己再生の理論』（論創社）、『西郷隆盛 100 の言葉』（潮出版社）、『1868 明治が始まった年への旅』（時事通信社）などがある。「コミック版 日本の歴史シリーズ」（ポプラ社）の企画・構成・監修やテレビ・ラジオ番組の監修・出演も少なくない。

水谷俊樹：原作

作家。1979 年、三重県尾鷲市生まれ。2001 年、大阪コミュニケーションアート専門学校卒業後、（株）加来耕三事務所勤務のかたわら執筆活動を開始し、2008 年に独立する。主な作品に、『壬生狼ＦＩＬＥ』（朝日ソノラマ）、『ＣＤ付「朗読少女」とあらすじで読む日本史』（中経出版）のほか、『幕末・維新人物伝 島津斉彬』（ポプラ社「コミック版 日本の歴史シリーズ」原作）、『曹操』『孫権と周瑜』（ポプラ社「コミック版三国志英雄伝シリーズ」原作）など。共著に『総図解よくわかる日本史』（新人物往来社）などがある。

中島健志：作画

福岡県福岡市生まれ。九州産業大学卒業。1988 年、『コミックアフタヌーン 3 月号』（講談社）に「中尉殿の飛燕」（'87 冬期賞受賞作）が掲載され、漫画家としてデビュー。主な作品に「コミック版 日本の歴史シリーズ」（ポプラ社）、『くまもとの歴史① 加藤清正と小西行長 前編』『くまもとの歴史② 加藤清正と小西行長 後編』（ともに熊本県教科書供給所）、電子書籍『短編作品集１戦国時代』『短編作品集２近代』（Kindle ほか）などがある。

コミック版 日本の歴史⑮

幕末・維新人物伝
木戸孝允

2018年8月　第1刷
2023年10月　第4刷

企画・構成・監修　加《か》来《く》耕《こう》三《ぞう》
原　　　　作　水《みず》谷《たに》俊《とし》樹《き》
作　　　　画　中《なか》島《しま》健《たけ》志《し》

カバーデザイン　竹内亮輔＋梅田裕一〔crazy force〕

発　行　者　千葉 均
編　　　集　森田礼子
発　行　所　株式会社ポプラ社
〒102-8519　東京都千代田区麹町4-2-6
ホームページ　www.poplar.co.jp
印　刷　所　今井印刷株式会社
製　本　所　島田製本株式会社
電 植 製 版　株式会社オノ・エーワン

ISBN978-4-591-15949-1 N.D.C.289 127p 22cm　Printed in Japan

落丁・乱丁本はお取り替えいたします。
電話（0120-666-553）または、ホームページ（www.poplar.co.jp）のお問い合わせ一覧より
ご連絡ください。
※電話の受付時間は、月～金曜日10時～17時です（祝日・休日は除く）。

読者の皆様からのお便りをお待ちしております。
いただいたお便りは著者にお渡しいたします。

P7047065

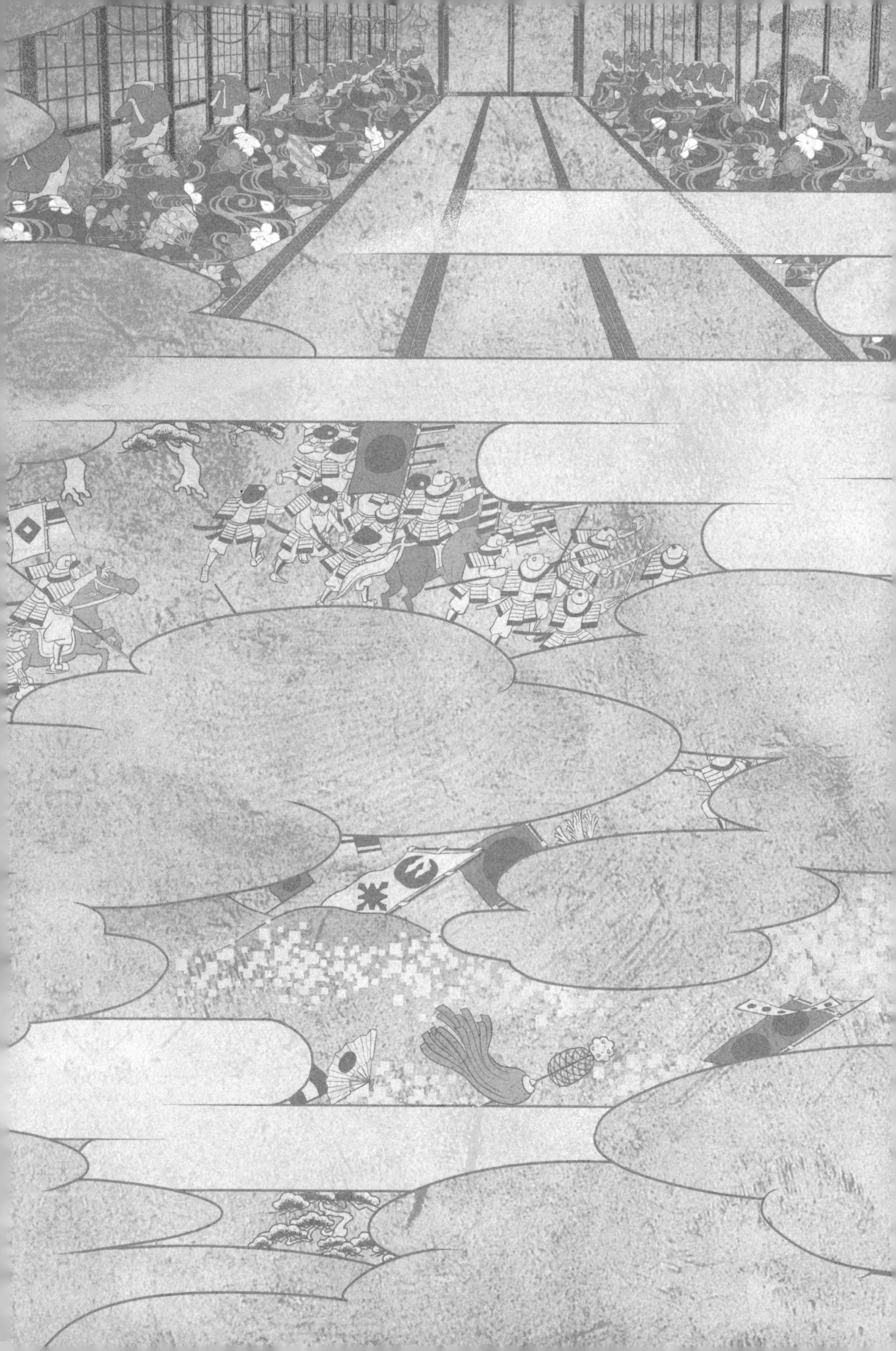